U0044191

in Action!
使用的書

in Action!
使用的書

操控潛意識
訓練更強大的自己
助你心想事成的8堂潛能課

哈利・卡本特 Harry W. Carpenter ——著　申文怡——譯

The Genie Within
Your Subconscious Mind:
How It Works and How To Use It

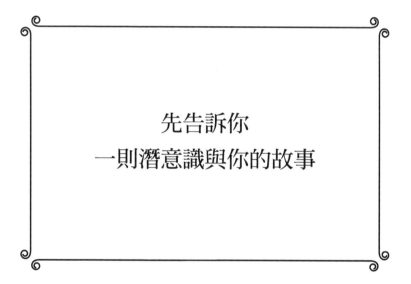

先告訴你
一則潛意識與你的故事

當老人還是小男孩的時候，聽到了一個故事。有個女人在海灘上撿到一個瓶子，瓶口被軟木塞住。女人將其打開後，精靈對她說，他願意為女人實現所有願望。老人窮盡一生尋找自己的瓶中精靈。他去各個大陸的海灘，執著到甚至不願意安定下來，擁有穩定長久的工作或關係。他是個不快樂的人。

　　有一天，在他家附近的海邊，他發現了自己尋找已久的瓶子。不知為何，他感覺得出來，精靈就在瓶子裡。通常瓶塞會很難拔出來，不過這個很輕易就打開。精靈沒頭沒腦地出現，並告訴老人：「我在這裡，任憑你差遣。」

　　老人說：「什麼都可以嗎？」

　　精靈說：「嗯嗯，幾乎是什麼都可以啦。既然你年紀大了，又從未涉足政治，你不太可能成為美國總統。我覺得你也不可能成為奧運棒球選手。你也不想要把自己的快樂，建築在別人的痛苦上。所以，並不是每件事我都能幫你圓夢，但我還是能給你超乎你所求所想。一定可以讓你變得快樂平安。」

　　老人欣喜若狂，同時又覺得生氣：「為什麼你不早點讓我找到你？我年輕的時候，可以完成更多事情。」精靈說：「唉唉，主人，我可是跟你在一起很久了唷。我不是在那個瓶子裡，我一直跟你在一起，給你想要的一切。記得你六歲的時候，你不是希望

爸爸會多注意你嗎？你割傷自己的手指，那可不是意外。你的爸爸清理你的傷口，還抱著你。記得嗎？那時候有會計師考試，你一直告訴我你不夠聰明，所以無法成為會計師，你還說自己不配當會計師賺這麼多錢。記不記得你考試時楞在當場？我可是達成了你的願望了喔。」

精靈繼續說：「因為你沒有注意到我達成了你的願望，只是你的願望常常傷害你。有時候這不一定是你的願望，因為有些願望來自父母、師長、朋友；嗯，對啦，有些也來自電視廣告。」

「不過，我好高興你找到了我。現在你可以許下經過深思熟慮後的美好願望。我們可以一起努力，我們可以共同保持健康、尋找平安，和享受人生的豐富。但首先，我必須先給你一本書。仔細閱讀。如果你按照指示行動，我會給你平安、富足和快樂。」

序

接觸潛意識的力量，一直是我長久以來的興趣。我也的確從書本、講座獲得不少相關資訊。在朋友的敦促之下，我將在這方面學到知識，濃縮成6節課，每節課兩小時（本書為了方便行文起見，則調整為8節課）。

這套課程是我畢生對潛意識了解的精華。每次下課後，學員往往問我到那裡可以買到內含這些資訊的相關書籍。我的回答往往是，沒有一本書可以涵蓋所有課程。不過，這本書卻包含潛意識課程的所有資訊。

本書唯一的原創之處，就是將所有資訊整合在一起。我也標明了許多資訊的出處，同時也要感謝兩個著名的講座：塔克斯（James Takus）在加拿大塔桑納（Tarzana）教導的Psycho-Netics講座，以及高曼（Burt Goldman）在席瓦國際公司（Silva International）開授的進階課程。我猜，關於潛意識的大部分資訊也非上述作者原創，而是經過幾世紀的積累而來。

我讀過的相關書籍，其實難以勝數。我有作筆記，不過卻沒有寫明出處。同樣的概念和故事往往在不同作品出現。另外，我也列出了參考書目，這些是我認為最值得一讀的作品。

本書這些課程並非家傳秘方或過於虛無縹緲，而是易學易用的技術。有志於取得成功並改善生活的人，都應該了解這些基本資訊。這是本具體的操作書，提供具體的方式，好讓讀者達成目標，並革除壞習慣等。

不知道為什麼，通常只有成人對這門課程有興趣。我則希望青少年或年輕人也可以得到這些資訊，因為這門課其實可以幫助年輕人取得更好的成績、減少他們蛻變成大人要歷經的痛苦、增加自信，並豐富自己的生命。但願這本書也可以送到年輕讀者的手上。

我在此書也新增了「禱告」的課程，因為禱告相當有力，而禱告這一課的內容和前面課程的差異，在於某些概念出於我的原創。禱告是前八課合理的延伸，不過你不會在其他書籍看到類似的內容。

我有點擔心某些讀者對禱告這種較具情緒性的主題，會產生疑慮。不過，我認為這是全書最重要的一課，也是寶貴的延伸課程，所以我還是決定將禱告納入本書的內容中。

卡本特寫於加州秋溪

2003 年夏

目錄

練習心想事成的 8 堂課

潛意識不是神蹟，而是力量

「你們可能會失去這個孩子，即使奇蹟出現，讓他繼續活下去，往後還是得纏綿病榻。」這項消息對於這對遲暮之年的父母而言，簡直是晴天霹靂。我的爸媽想必非常痛苦。

身為獨子的我，當時才九歲，是個活蹦亂跳的小學四年級學生。某個秋日下午，我感到些許不適，一開始並未放在心上，第二天卻覺得非常難過，所以父母帶我去看家庭醫生。醫生只能確定是我的心臟出問題，其他卻一無所知。接著我被送到芝加哥的「瑞典盟約醫院」接受頂尖心臟科醫師檢查，醫生對我的父母宣布了可怕的消息：他們說我罹患了罕見的心臟疾病，而且無藥可醫。往後一年，我在家養病，纏綿病榻的我變得憔悴衰弱，並失去意識。

我的父母沒有宗教信仰，他們從不上教會。但幸好去世已久的外婆是個基督科學信仰治療師，所以我的父母對心智治療也有些概念。他們決定放手一搏，為我請了名治療師。

我不記得治療師究竟說了什麼，不過他讓我的小腦袋知道，任何事都有可能發生，所以我的病可以治得好。而我真的好了！而且是完全地康復了。這不是在一夜間發生，但往後數月，我的體重和力氣都增加，心臟也恢復正常。

我的病好轉也讓醫生相當驚訝，某位專科醫師甚至為此撰寫了一篇醫學報告，並在醫院報告我這個「奇蹟康復」的病例。我會記得是因為他把我帶到醫院，發表報告時讓我坐在台上，證明我的確已然康復。

　　而治癒我的力量來自潛意識這件事，因此在我的小腦袋中留下印象。病癒後，我熱切地探索潛意識，想了解如何運作並使用潛意識。

　　就這樣，我發現了「腦內的精靈」，也學到如何使用腦內精靈。現在我就要幫你找到並使用你的精靈。好消息是你不需要尋找，因為你早就擁有自己的精靈—她就是你的潛意識。你的潛意識就像善良的精靈一樣，會應允你任何願望。他可以幫你達成目標、甩開惡習。你自己要努力的部分，就是成為他的主人而非傀儡。

　　本書將可助你輕鬆學會操控潛意識。你可以因此：

- 甩開惡習
- 增加自信
- 學得更快、記得更久

- 獲得成功

- 增加記憶力（其實是種「回溯能力」）

- 更有創意

- 促進身心健康

- 和潛意識溝通，能夠分析直覺和解釋夢境等

- 教導你的潛意識和顯意識好好合作，而非保持對立

- 激勵自己改善工作習慣

- 監控進入自己潛意識的意念

- 更加放鬆，並一夜好眠

- 快速拋開壞情緒，轉成好心情

課程大綱

本書會提出潛意識的運作模型，並會根據這個運作方式，提供十個方法，讓你利用潛意識達成目標。本書提出的運作模型和方法既簡單，也很有邏輯。但不要誤以為這些方法「因為太簡單，所以沒有用」。就如神學家奧坎（William of Occam）在哲學課上曾提出的「奧坎剃刀」（Occam's Razor）原則，他主張在各式解釋現象的理論中，最簡單的解釋往往是最正確的解釋，正如同自然界往往會尋找捷徑。

我當然也可以提供更複雜的方式，但背後還是根據簡單、基本的原則。你透過複雜的方式，的確可以得到同樣的結果，不過卻得花費更多時間。但是，如果我提供的方式太複雜，你可能會失去興趣，也無心實行。所以，簡單的方法，應該讓大家謝天謝地。

本書這個模型完全正確嗎？可能並不盡然。太過簡單嗎？也的確有可能。人腦相當複雜，沒人能完全了解其中奧妙。美國國家科學院的科學家華生（James Watson）表示：「人腦是宇宙中最複雜的發現。」目前要對活腦進行研究，依舊相當困難。

不過，現在推陳出新的非侵入性測試，以及超級電腦的問世，都讓學界研究腦部的成果更多了。當你讀完本書的前面一些章節，就會了解在此介紹的模型很有邏輯，你可以把這個模型當成地圖，並學習將潛意識當成自己的精靈使喚：

- 第1課會舉例讓你看到我們的潛意識有多強大，並且探討心智的四項狀態，及其扮演的角色。
- 第2課會以一般人都看得懂的用語，介紹顯意識和潛意識的分別。
- 第3課探討如何將潛意識當成達成目標的生物電腦。想了解

你的電腦如何運作，並如何有效率地使用你的電腦，本部分的內容至關重要。

- 第4課會包含某些細微卻重要的潛意識法則。

- 第5課討論顯意識和潛意識溝通的重要，並提供五項與潛意識溝通的方法。想讓潛意識和顯意識合作無間，你必須先學習和潛意識溝通。這對於解釋夢境、分析直覺，和了解發病原因也有幫助。

- 第6課至第8課提出十項簡單的方式，教你有效使用潛意識，及達到完全快樂的狀態。

- 最後的課後練習則會教你應用第1至第8課學到的內容，讓你的祈禱更有力。

你也擁有讓你美夢成真的精靈，但想要心想事成，卻不能靠摩擦神燈，或打開神奇的罐子。你的精靈就是潛意識，要讓他成為你強大的僕人之前，必須了解潛意識如何運作，及使用潛意識的方式。本書就是你的使用手冊。

這不是一本介紹讓你如何「感覺良好」的故事，或是講那些「擁有信心」的陳腔濫調。而是以一般人都能了解的方式，讓你足以使用美妙強大的潛意識。

人類的自我意識往往低估了潛意識的能力。自我意識（就是顯意識）認為自己了解一切，也相信自己可以做得比潛意識好。

　　顯意識的確擁有較多知識，但卻遠不如潛意識強大和能幹。願你（有意識地）帶著開放的心態閱讀下去，也希望你在學習操控自己精靈時，不要讓你的自我意識成為阻攔。

第 1 課

心智是超強的主宰

讓人們不藥而癒、超越極限的信念

潛意識的能力之強，可是超乎你的想像。

許多專家認為，大多數的人只用到10％的潛意識。不過，學完本課後，我想你會同意部分權威人士的看法，認為多數人根本還用不到3％的潛意識。在開始介紹潛意識的豐功偉業前，我需要先釐清幾個名詞的定義。

首先，你需要了解「顯意識」和「潛意識」的意思。大腦能察覺的意識活動，稱為「顯意識」；反過來說，大腦無法察覺的意識活動，就是「潛意識」。很簡單吧，本課程的內容就是這麼簡單。

另一組需要釐清的定義，則是「頭腦」和「心智」。頭腦是位於你頭上，重約一點四公斤的器官。「心智」的範圍更大，也更無法捉摸。頭腦和心智其實有天壤之別，市面上也有很多深究兩者差異的書籍。從西方的角度來看，頭腦只是人體器官，心智則透過頭腦運動而產生。不過某些東方的角度認為，心智才是提供思想給頭腦的來源。不過，去界定頭腦和心智的差異，其實在本課程沒那麼重要，故在此兩詞將交替使用。

根據最近的心理神經免疫調節研究顯示，腦並不僅侷限在頭蓋骨中，而是遍布人體各處。心智和人體不再是壁壘分明的不同個體，你的心智可以直接或間接控制人體，反之亦然。這項新發

現的確令人振奮，不過為了方便起見，你在本課程中，可以簡單認定，只有自己頭蓋骨中那個皺摺的器官，才是你的腦。

數十年前，醫學研究才發現，我們無法控制包含心跳、血壓和體溫等在內的「非自主功能」（involuntary function）。這個說法有部分正確，我們的確無法直接控制非自主功能，不過我們可以將自己的意圖，利用顯意識，傳達給潛意識，以間接控制非自主功能。

目前醫學界普遍採用「生物反饋」（biofeedback）方式，控制非自主功能活動，的確可以達成降低血壓、紓解壓力和焦慮，及緩和偏頭痛的效果。不過，此療程收費高昂，還需要精密的儀器和訓練有素的技術人員從旁輔佐。

生物反饋不是唯一可以成功支配潛意識的方法，其實還有更多簡單不用錢的方式，也可以讓你成功達陣。本書就是要以簡單易學的步驟，教你學會這些方法。

不一樣，真的不一樣

想要成功使用潛意識的關鍵，就是要充分理解潛意識和顯意識之間的差別。儘管潛意識和顯意識同處一體，兩者卻有天大的差異。例如，假設某人跟你溝通的方式，就像是潛意識透過夢境

跟你溝通一樣，你可能會覺得他瘋了。但不要因為覺得你的夢境很難讓顯意識了解，就覺得潛意識瘋了。這兩者只是不一樣而已。

另一個比喻是男女之間的差異。男女除了身體構造不同外，情緒反應也相異，因此雙方的互動方式也不同。以前有本熱銷書就在探討男女的差異：男性往往是目標導向，習慣單打獨鬥解決問題；女性則側重關係和感覺，需要願意傾聽的對象。兩性間即使存在重大差異，雙方還是可以相談甚歡，相處愉快。假設歧異過大，大不了雙方分道揚鑣。

不過顯意識和潛意識可不能分道揚鑣，假設他們沒有攜手合作，恐怕還會帶來傷害，導致某人暴飲暴食或亂發脾氣。

潛意識握有非自主功能、情緒和習慣的軟體。你大部分的習慣和情緒反應，在年幼時已經寫入程式，那時你根本不夠成熟，沒有過濾的能力。許多程式通常由父母、師長、同儕、電視，和最近風行的電腦遊戲隨機寫入。心理學大師佛洛伊德便曾提過：「在孩童期學到的情緒反應方式，往往被我們帶到成人期。到了成人期，我們不知道該如何進退應對，因此大人的反應，（常常）跟孩子沒有兩樣。」

這些老程式還是深具影響力，如果沒有妥善控制，不但可能

會讓你的行為帶來不良後果，甚至造成毀滅性的結果。若你了解潛意識，和少數相關規則，便可改變孩提時期就寫入的不良程式。

潛意識的力量

潛意識蘊藏大量未開發的潛能，我們會在此舉出數例證明潛意識的能力。這些驚人的例子都出自於平凡的頭腦和身體。如果擁有平凡潛意識的平凡人，都可以做得到，那你我一定也可以做得到。但是想做到，就一定要靠潛意識，而非顯意識。顯意識無法讓你的身體達成這些驚人成就。但顯意識必須了解，如何命令潛意識達成這些成就。

下面的驚人事例，並非靠藥物或禱告達成。禱告的力量又是另一個主題，我們會另闢專章討論。

讓我們先從「舞台催眠師」（stage hypnotist）開始。大多數的人都看過催眠表演。基本上，催眠師的手法，就是在潛意識植入建議，並帶來嘆為觀止的結果。

我曾親眼看過一位催眠師告訴某位男士，他剛從其他星球遊歷歸來。催眠師要求這位男士描述自己外星世界的所見所聞，這位男士發揮了驚人的想像力，將細節描述得栩栩如生。這位男士平常可能會認為自己沒什麼想像力。或許他顯意識的想像力的確

不佳，但潛意識擁有的想像力可是生動逼真。另外，這位男士平常恐怕也無法將自己想像的情節，在大庭廣眾下，鉅細靡遺、生動逼真地侃侃而談。

也有催眠受試者可以變成大力士。我有張從報紙上剪下的圖片，是位名叫強尼·卡森的人接受催眠後，展現了驚人的能力。卡森躺在兩張椅子上，身體沒有支撐。知名心靈學家奎斯金（Kreskin，他拒絕接受「催眠師」的稱號）在卡森的潛意識中植入建議，讓卡森相信自己非常強壯，一定可以讓自己的身體保持筆直。

當卡森躺在椅子上時，奎斯金要求卡森只把頭和腳放在椅子上，身體其他部位懸空，不過進入催眠狀態的卡森，身體依舊筆直，即使有人坐在他肚子上時依舊如此。如果卡森的潛意識沒有接受此建議，他一定無法做到。（請先不要模仿這項表演，你可能會扭傷。）

在受試者的潛意識植入的建議，還可以改變他的個性，讓他去做出自己在正常情況下，絕不會去做的事情。我曾親眼看見一位舞台催眠師，讓某位普通女性在舞台上搔首弄姿，彷彿這位受試者贏得了美國小姐冠軍一樣。還有位男士被催眠後，試圖像個了不起的電影明星一樣，表演騎掃帚。一位男士則挺身攻擊一位

滿身肌肉的大學摔角選手，只因為他看到那位選手，以為在踢一隻想像中的狗（這位進行攻擊的男士當場不得不被架開）。

被催眠的受試者也可能呈現失憶狀態。在美國公共電視（PBS）的電視節目上，某位女性志願者在接受催眠後，催眠師命令她「忘記7」。從催眠狀態醒來後，她被帶到舞台上。舞台被布置成遊戲展的樣子，主持人告訴她，只要答對「4加3」這個簡單的問題，就可獲得1百萬美元。不過她就是想不出來。

之後主持人再給她兩次機會，再問兩個答案是7的簡單問題，每次她就是記不得7這個數字。然後，他們再要求這名女性，用手指從1數到10。她卻數成：1、2、3、4、5、6、8、9、10、11，就是說不出7這個數字。這讓她非常困惑，不了解自己為什麼有11根手指。

某些醫生、牙醫和治療師則將催眠用於醫學用途。例如，我最近讀到催眠可治療嚴重燒燙傷。催眠也可控制長期疼痛、產痛，用於麻醉、與減輕恐懼等。剛剛提到的PBS電視節目，還錄下另一個案例：某位女性一直很怕蛇，不過名催眠治療師在幾分鐘內，便完全驅走了這位女性對蛇的恐懼。最後她甚至無所畏懼地將一隻大蟒蛇繞在肩上。另一位催眠治療師則將治好一位害怕

蜘蛛的男士。催眠後這位男士敢讓蜘蛛爬上自己的手指。

19世紀的蘇格蘭醫生依斯岱（James Esdaile），在麻醉發明以前，利用催眠進行手術，其手術成功率是同事的十倍。受催眠的病人比較不會感到痛苦和焦慮，讓免疫系統得以壓制感染，因為依斯岱醫生在病人的潛意識中植入「快速康復」的建議。19世紀的手術死亡率為50％，不過依斯岱加上催眠治療的161個手術中，死亡率僅為5％。

我的某位朋友，年紀輕輕卻得戴著厚厚的眼鏡，這讓他覺得很難為情。他讀了兩本由科貝特（Margaret Darst Corbett）撰寫兩本書後，決定改變現況。科貝特的作品指出，眼科醫生倍茲（William H. Bates）認為，視力不好是由壓力所造成，這是現代忙碌社會特有的傳染病。壓力讓眼睛肌肉變得緊繃，造成眼球變形。而變形的眼球改變焦點，讓視力變得模糊。貝茲醫生以原住民社群證明他的看法。原住民沒有經歷現代社會的壓力，所以多數人沒有視力不良的問題，就算是老人的視力也很好。

貝茲治療視力不良的方式，是設計眼球運動，放鬆眼窩附近的肌肉，讓眼球可以恢復原本的形狀，讓病患不用再配戴眼鏡。配鏡師、驗光師和眼科醫生偏好用眼鏡矯正視力。病患也不習慣

擺脫對眼鏡的依賴，因為眼球運動冗長乏味，需要投入精力，卻不一定有效。

後來這名年輕人使用他的潛意識（第8課會提到），讓他眼睛的肌肉放鬆。數週後，他看書時便不再需要眼鏡。

某些女性因為心理因素，出現假孕（精神性假妊娠）症狀，這時她們的潛意識會造成：

- 停經
- 胸部變大
- 想吃奇怪的食物
- 腹部逐漸膨脹
- 產痛

更多潛意識有驚人力量的例證，曾載於一些醫學期刊，內容是關於「多重人格」的病患。多重人格病患曾遭受到重大心理創傷，會出現一個以上的人格。下面為多重人格患者的病例：

- 在同一個身體中，一個人格氣喘發作，另一個卻健康正常。順帶一提，醫生研究相關案例時（其中一個案例是由

心理學家榮格提出），發現氣喘症狀是呼吸困難的創傷經驗所造成。因此，某位醫生認為，潛意識可以造成氣喘，也可以消除氣喘。

- 一個人格呈現高智商，另一個人格卻為低智商。這沒什麼了不起，因為潛意識可以輕易讓人變得笨蛋一樣。

- 一個人格酒醉，但轉為另一個人格時，卻是清醒狀態。這就很了不起，因為看起來，潛意識有能力改變腦部的化學作用。

- 一個人格是右撇子，另一個是左撇子。

- 兩個人格的眼睛顏色不同。我認識一個人可以把眼珠的顏色，從褐色改為藍色，不過他需要花費數週的時間。不過多重人格患者可以在幾分鐘內就辦到。

- 一個人格有傷痕、囊腫或腫瘤，另一個卻沒有。這個非常厲害。紀錄顯示，催眠師讓受試者產生水泡，並在短時間內讓水泡消失。受試者進入催眠狀態後，催眠師用鉛筆等普通的東西觸碰受試者，並告訴他們這是又紅又燙的火鉗，受試者的皮膚就長起水泡。然後，催眠師告訴受試者，他們的皮膚很正常，水泡便馬上消失。

- 多重人格患者的病況可以迅速恢復。某位病患對蜂螫過

敏，眼窩卻被蜜蜂螫到。他眼睛周圍的部分，馬上腫得讓他不得不馬上去醫院報到。他抵達醫院前，轉換成另一個人格，眼睛便立刻消腫。

下面的實驗見證，則是指出「改變態度和信仰，會對我們的身體和健康帶來影響」。哈佛教授藍格（Ellen Langer）在1985年進行了一項讓人們變得更年輕的實驗。藍格教授徵求1百名住在波士頓，70歲以上的老人，送他們去渡假十天。渡假地點採用1950年代的裝潢風格，這是受試者的壯年時代。藍格播放1950年代的音樂、放置1950年代的報章雜誌、要求受試者穿上1950年代流行的衣服，並要他們「表現得」像是回到了1950年代。

十天的假期結束後，受試者的物理和心理測試結果，都比渡假前年輕。是什麼造成改變，讓他們返老回春？唯一的改變因素，是他們的想法。他們的潛意識接受了自己變得年輕的心態。

你的顯意識會為你設下界線。當你擺脫這些界線，讓潛意識掌權時，你可以完成不可能的任務。50年前，曾有專家撰文解釋人類為什麼無法在四分鐘內跑完一英里（約1.6公里）。除了一個叫班尼斯特（Roger Banister）的人以外，大家都相信絕對不可能

用四分鐘跑完一英里。不過班尼斯特在1954年打破這項迷思後，其他跑者在幾個月內也紛紛辦到。是什麼改變了這些跑者？他們的體能狀況並非奇蹟式地精進，他們也沒有改變跑步的方式，改變他們的，是信念！他們現在了解，如果班尼斯特做得到，他們也做得到。

俄羅斯舉重選手艾列柯西（Vasily Alexeev）一直覺得自己無法舉起5百磅（約227公斤），他一直只訓練自己舉495磅。1974年，他的教練耍他，把槓鈴加重到5百磅，卻告訴他只有495磅，結果艾列柯西一如往常將橫槓舉起。當教練告訴艾列柯西剛剛舉起的是5百磅後，他改變了信念，在比賽中也成功舉起5百磅。

一位訓練有素的運動員，能夠舉起5百磅，這種令人咋舌的能力，其實並不如一位處於驚恐狀態的母親，為了保護兒子，接住墜落的車子。她是怎麼辦到的？因為在驚恐狀態下，顯意識被拋在腦後，沒有機會告訴母親，這是不可能的事。腎上腺素讓她成功達成任務。我只有聽過別人轉述上述故事，不過以前《鳳凰城報》（*Phoenix Gazette*）倒是報導過類似意外：一根用來牽引拖車的牽引桿滑落，造成汽車翻覆，有位技工為了拯救自己的朋友，不但把車子舉起來，讓被壓在車子下的朋友脫困，他還把車子放在自己的膝蓋上，幫助朋友出來。

上面只是幾個證明潛意識威力的例子，你的潛意識也可以有這種威力。

警告：先不要期待你知道那一刻

如果你跟著本書課程提供的規則和方式照做，就會有結果，並出乎你的預期，更快、更有效率地達成目標。你甚至可能不會覺得是課程幫助了你，因為，你在潛意識寫入程式時，或寫入程式後，並不會有驚天動地的情節發生。天使或樂團也不會在你旁邊敲鑼打鼓，確認你的努力確實有效，或宣布你已成功達到目標。這會自然而然的發生，而顯意識其實察覺不到。

若你執意尋找徵兆、質疑自己的進步，或試圖以顯意識干預，你可能會妨礙或摧毀自己的努力。改變是微妙、不經努力的。你必須將清教徒式努力工作的思維拋在一旁。

因為如果你透過顯意識努力，你的顯意識會扯你後腿，你的潛意識，就「你的精靈」，是在沒有意識、不經努力的情況下運作，所以你越不緊張、越放鬆，越讓一切自然發生，就會越成功。上完本書前三課後，你會更了解我的意思。所以，請繼續讀下去、放輕鬆，並享受成功的果實！

心智狀態

　　想要成功使用潛意識，需要進入知覺轉換狀態。轉換知覺是自然的狀態，不過，那和正常的清醒狀態並不一樣。據我了解，首度提出「進入潛意識需要改變知覺狀態」證據的學者，是在明寧哲基金會（Menninger Foundation）工作的格林夫婦（Elmer and Alyce Green）。他們在1964至1973年年間，研究特異功能人士，證明了這一點。格林夫婦曾研究印度苦修者，如何被活埋六天或躺在釘床上，依舊安然無恙；並探索他們如何改變心跳或體溫。另外，格林夫婦也研究奧瑞岡州的史瓦茲（Jack Schwartz）。這位仁兄用未經消毒過的金屬棍刺穿自己的手臂和身體後，卻可以控制自己的失血情況，並從未感染，後來他的傷口不但癒合地很快，也不會留下疤痕。

　　格林夫婦測量這些人的體溫、皮膚電阻（skin resistance）、脈搏和腦波。並發現這些特異功能人士都有個共同點，就是他們在表演特異功能時，都處於知覺改變狀態。

腦波圖

　　腦波的改變，可以分為alpha、beta、theta及delta等四種狀態。

beta狀態是正常清醒狀態，腦波頻率為14至100赫茲。此狀態的腦波頻率，不但高於其他知覺狀態，也比較不穩定，因為我們清醒的時候，腦筋比較忙碌，讓很多事情在腦袋中打轉。beta狀態主宰日常生活，注意力常常轉移。我們清醒的時刻多半處於beta狀態。

alpha狀態的腦波頻率為8至13赫茲，你每天會自然進入alpha狀態許多次，但是進入時間都很短暫。例如，你在做白日夢的時候，就是進入alpha狀態。你覺得無聊時，可能也會進入alpha狀態。例如在人龍中排隊時，你雖然在看某樣東西，但注意力卻不在那樣東西上，而已經神遊太虛。這時你就處於alpha狀態。你陷入了輕鬆、專注的「冥想」狀態，這時你會忘記時間的流逝。你可能瞪著牆壁看了五分鐘，卻以為時間只過了幾秒。

theta狀態（4至7赫茲）和alpha狀態類似，不過，是進入更深沈的狀態。突然揮灑靈感的時候，就是進入theta狀態，表現的方式是「一揮而就」（global insight）。一揮而就的經典例證，是比較音樂家貝多芬和莫札特的作曲方式。貝多芬是一節一節地慢慢寫出自己的作品，還會來來回回地修改。莫札特曾說過，作品會以完整的形式，一次進入他的腦海，他只要拿紙筆寫下，作品就告完成。這就是一揮而就的例子。

最後是delta狀態（低於3赫茲）。此為睡眠狀態，這時你沒有意識，而你做夢時，又進入alpha和theta狀態。

四種心智狀態

狀態	腦波頻率（赫茲）	意識	內在行為
BETA	14～100	清醒	非常忙碌。 注意到很多事情。
ALPHA	8～13	冥想	注意力集中。 忘記時間的流逝。
THETA	4～7	靈感	靈光乍現。 一揮而就。
DELTA	低於3	睡眠	無意識。

我們再回到格林的研究，這些特異功能人士，還有一個共同點。就是他們在控制非自主功能的時候，都進入alpha或theta狀態。因此，腦波頻率調整在alpha和theta狀態時，即為進入潛意識之途。

當你處於alpha和theta狀態時，潛意識會接受建議，並樂意服從。不過，顯意識當道，就是處於beta狀態時，你對潛意識下指令往往會效果不彰。

ALPHA訓練

想要有效使用潛意識，必須學習進入alpha狀態，並停留在那裡。進入alpha狀態其實很容易，因為你每天都會進入alpha狀態數次，不過每次只有幾秒，所以你需要稍微練習，讓自己停留在alpha狀態。每一課都有課後練習，教你如何進入上述狀態。theta狀態可能效果最好，不過，為了行文方便起見，從現在起，我只會提到alpha狀態。

現在我要介紹一個非常簡單的方式，教你在alpha狀態下，將建議植入潛意識。不過這個簡單的方式，名字卻很長。

「睡後發生」和「入眠之前」狀態

這兩個看起來很有學問的名字，只是描述你早晨醒後，和夜晚睡前的短暫狀態。你早上起來，和晚上睡前時，分別從delta轉換至beta狀態，或從beta狀態轉至delta狀態。轉換過程中，你經過alpha和theta狀態。所以，你每天有兩次機會，在alpha狀態下使用潛意識。這就是為什麼你在煩惱時，不應該上床睡覺。因為憂慮是股強大的負面力量，睡前憂慮會讓你把這股強大的負面力量，直接寫入潛意識。

設定心理鬧鐘

　　你今天晚上就可以開始練習設定心理鬧鐘。上床後，你會發現自己開始昏昏欲睡。當你快失去意識的時候，告訴自己：「9月25日星期六，早上5點55分的時候，會非常清醒」。反正就是設定隔天的日期，並把你的心理鬧鐘，調得比實際鬧鐘快五分鐘，這樣你就不用擔心睡過頭。另外，利用想像力。想像鬧鐘響的那一刻，並把情節弄得很誇張，看到你的鬧鐘跑到你床上把你搖醒。有些人不需要使用機械鬧鐘，因為他們的心理鬧鐘準確無誤。

培養正確的態度

　　課程繼續之前，你必須先培養正確的態度，先跨過一道心理障礙。這道障礙是覺得「天下沒有白吃的午餐。」如果本書課程的講師，是有頭有臉的大人物，這門課大概會要價5百美元。我花了大把鈔票買書上課，花了大量時間閱讀資料，去蕪存菁後的精華內容，都收錄在這本書中。所以你必須說服自己的潛意識，相信本書雖然很便宜，但卻大有價值。為了培養正確的態度，你當然還可以付我5百美元（把支票寄給我就可以啦！），或是好好做練習。選擇權在你。

　　還有個重要的心態，就是了解練習的重要性。擁有正確的心態，才會從本課程中，得到最大收穫。現階段你得先相信我，並且做練習。重要的心態是渴望、期待和信心。如果你今天是真的砸了5百美元，去上某位名師開的課，你一定帶著極大的渴望想「得到收穫」，不管你想「得到」的是什麼。你一定期待得到東西，要不然你不會砸下5百美元。最後，你一定有信心，因為你付給講師學費了。

　　所以，你要稍微配合演戲。首先，我向你保證，你是名優秀的演員。某些心理學家可能會說，你總是在演戲，扮演別人期望

你演出的角色。好，現在我們來演戲。用你的右手握住左前臂不動，並假裝你的右臂黏在左臂上，不管你多用力，左臂就是無法從右臂掙脫，左臂掙脫地越用力，右臂就黏得越緊。現在上演左臂無法掙脫右臂的戲碼。好，這樣可以了。現在要演出的畫面，是你的右臂很正常，並鬆脫對左臂的箝制。你看，你會演戲。

現在你已經準備好擔任更吃重的角色。首先，放輕鬆、把自己弄得很舒服。坐在一張柔軟的椅子上，並把腳放在地上。想像一幅愉快的畫面。例如，你夢到自己去夏威夷渡假，並記住當中細節。想像你在沙灘上，想像現在你就在那裡。想像海風輕拂你的身體，並感到太陽曬在身上的熱度。你聽到薰風吹過棕櫚樹的聲音。放輕鬆，彷彿你一點憂慮都沒有。讓你的意念神遊太虛，單單感受身處於你最喜歡的地方，所帶來的喜樂。

下面的部分，你可以請別人用平穩、緩慢的語調念給你聽。更好的方式，是你自己錄下後放出來。如果兩個方式都不行，或是你就是不想花時間錄音，那也沒關係。你就盡力處於如此放鬆的狀態，並自行閱讀下面的部分。閱讀的時候，儘量將下列情景描述地歷歷如繪，讓你可以看到、感受到或是聽到這一切。

開始前假裝你是專家，你信賴的這名專家催眠了你。你知道被催眠的人的樣子。他們看起來很放鬆，如果他們眼睛張開，好

像也視而不見。如果有人把下列部分讀給你聽,那麼請把眼睛閉上,並進入完全的放鬆狀態。你的頭可能歪在一邊,雙手垂在身體兩邊。如果你要自己閱讀下面部分,那就假裝你被催眠,而在深度催眠狀態下,催眠師要你張開眼睛,並閱讀下面部分。好,開始啦。

練習當個演員

　　想像你人在舞台上，你是個演員，現在正為一齣大戲進行排演。除了我、作者和導演以外，沒有人在禮堂。我正在教你演戲，第一幕的重頭戲是渴望。想像你感到強烈渴望的時刻……那是當你真的很想完成某事的時刻。或許是比賽或是很想考試得滿分。用你心中的眼睛看著自己的臉龐，看到自己展現決心、咬緊牙關的樣子，觀察你演出的樣子，重溫你原來的感受，聆聽當時情景。讓自己浸入強烈渴望的情緒。

　　現在描繪本書景象。想像你在閱讀本書內容，並從中學到東西。在你進入極度渴望的情緒後，再將你閱讀本書內容的情景覆蓋上去。花一些時間讓這些感覺進入……

　　現在排練下一場戲。在這場戲中，你要在舞台上，表現出高度期待的感情。這場戲很簡單。例如你可以回想，你小時候在平安夜，或猶太教光明節到來的情形。假設在聖誕節前夕，

你看到聖誕樹下有禮物。想像五彩繽紛的包裝紙和蝴蝶結，以及你想趕快拆禮物的心情……想知道禮物是什麼。回想你迫不期待、心癢難耐的心情。回想你晚上睡不著覺，是因為你的期待如此之強。去觀察、感受並聆聽聖誕夜的氣氛。現在，花一些時間讓這些感覺進入……

現在，感到自己強烈期待學習本書課程的同時，將你在平安夜產生強烈期待的情景，覆蓋上去。把閱讀本書的情景，疊在平安夜的情景之上，並產生相同的感覺和情緒。

現在排最後一場戲。這場戲你必須表現出完全的信心。所以，你先對導演和作者表現絕對的信心。眼睛轉向觀眾席，看著我，並表現出你對我教戲的能力，相當有信心……

現在，我們依樣畫葫蘆，將你學習本課程的情景，覆蓋上去。

注入有信心的感覺。

好，現在從催眠狀態中醒來。想像我是本戲導演，並對你說：「數到『3』後你就會完全清醒。我現在要從1數到3。『1』你正在漸漸甦醒。『2』演出精神恢復和放鬆的感覺……。『3』你現在完全清醒！」

以上，你是不是覺得太簡單了，所以沒什麼價值呢？讓我再說一次：「如果這不簡單，如果你大費周章，那你就是沒有做對！」所以，聽好！你在本書學到的方式很簡單，但若你付出努力，你就會失敗。

　　你相不相信自己被催眠了呢？可能不。但是奉勸你不要太肯定。如果你沒有被催眠，就沒有在演戲。有些專家相信催眠只不過是演戲。

　　PBS曾有個節目證明催眠不過是演戲。有名教授要求一位志願者演戲，假裝自己被催眠。教授什麼都沒做。教授沒有引導他進入催眠狀態，沒有瞪著燭光或是看著搖來晃去的催眠。志願者僅是演出他心裡假設，被催眠應該有的樣子。他看起來完全放鬆，頭垂在身體一邊，眼睛閉上，雙手分別放在身體兩側。然後教授說：「這裡有一顆好吃的蘋果。我跟主持人講話的時候，你可以把蘋果吃掉。」不過，教授給他的食物，其實是一顆洋蔥。但是志願者不但把洋蔥吃掉，還覺得那是一顆美味的蘋果，而這個志願者，甚至沒有經過正常的催眠程序，只是演得好像自己好像被催眠一樣！

　　所以，如果你真的去想像演戲的情景，你就會進入催眠狀

態，更重要的，是進入了alpha狀態。

　　某位合格催眠師曾在自己的網站上提到，假設你將眼睛閉上，想像自己走出家門，並將你經過的房門打開。想像這一切的同時，你就進入了催眠狀態。催眠其實就是這麼簡單。

第 2 課

各有所長的兩個自己

讓潛意識與顯意識攜手合作

了解潛意識非常重要，因為這樣你才能讓潛意識使命必達。所以你要先了解（你比較熟悉的）顯意識和（你不熟悉的）潛意識的差別。下面我們以淺顯易懂的方式，解釋兩者先天的差異。

簡單認識你的大腦

　　你們大多數都了解「左腦、右腦」理論。簡言之，（對多數人而言）左腦掌管語言、邏輯能力，偏重直線思考。而右腦則注重直覺，並傾向以整體，而非以細節思考。

　　但某些專家認為此理論過於簡化。「左腦、右腦」理論早期的發展，是來自對癲癇患者的研究。當時醫學界為了治療癲癇症患者，切斷了左腦和右腦間的連結，因此促成了此理論的誕生。正常人左右腦之間會有不少互動，在某些特殊情況下，其中一邊還會獲得另一邊的能力。所以本課不會採用此一理論。

　　我們會採用美國國家精神衛生研究院（National Institute of Mental Health）大腦研究和行為實驗室主任麥克林（Paul MacLean）提出的「三腦合一」（triune brain）理論。此理論根據演化階段，分成「爬蟲腦」、「哺乳腦」和「皮質腦」，並分別代表不同的心智狀況和需要。三個腦就是不同的電腦，各自擁有智力、主觀想法、對時間和空間的認知，與不同的記憶。為了本課

程行文方便起見，我們會把前兩個腦（最古老的爬蟲腦和哺乳腦）合在一起，並稱其為潛意識。

爬蟲腦

爬蟲腦在大腦第一階段的演化，發生在２５億年前，我們稱其為「爬蟲腦」或「腦幹」。2.5億年前便停止進化，因此人體的爬蟲腦，和所有爬蟲類的大腦，在本質上並無二致，是不受意志控制、衝動，並帶有強迫性，其中包含的程式，是寫入死板的回應。爬蟲腦執著於自我防衛，在防備敵人，或是在現代社會過馬路時閃躲車輛，都可發揮保護自己的功能。另外，爬蟲腦也不會從經驗中學習，而是傾向一再重複已經寫入大腦的反應。

爬蟲腦演化是為了生存，因此其控制生命基本功能，如心跳、呼吸、打架、逃命、餵食和繁殖等功能，而不包含感情。

哺乳腦

哺乳腦在5千萬年前進行演化。人體的哺乳腦，和所有哺乳類的大腦，在本質上並無二致，包含感覺和情緒，擁有玩樂的欲望，也是母性的來源。哺乳類會照顧自己後代，而爬蟲類則不會這樣做。

爬蟲腦讓我們對真正、實在和重要的事情有所感受。但是，爬蟲腦無法將這些感覺，清楚傳達給顯意識，其重要特色，是潛意識：（1）是感覺的來源，並透過感覺取得資訊。（2）透過經驗建立價值系統，而這樣的經驗，也是對情緒造成影響的經驗。

皮質腦

第三階段演化的腦，稱為「皮質腦」，這就是我們的顯意識。根據知名精神分析學家榮格（Carl Jung）指出，皮質腦從4萬年前便存在，目前依舊持續演化。不過，某些當代研究者認為皮質腦的年齡更老。顯意識的重要特色，是從三歲起才會開始發育，到了歲以前，都不會發育完全，發育期間則因人而異。

皮質腦的發育時間較遲，是造成許多負面和不良後果的程式，寫入潛意識的其中一個理由。當大腦的情緒部分，在早期發育階段時，我們沒有理性、成熟的顯意識，去過濾負面程式，或是選擇成人後所需的正面程式。更糟的是，我們沒有感覺到這些負面程式的存在，因為這些程式在年幼時寫入，當時我們因為年紀太小，以致於沒有留下任何顯意識的記憶。

潛意識透過情緒建立價值系統，而顯意識則透過理性分析經

驗，建立價值系統。

因為兩者間天大的差異，所以《大腦》（The Brain）這本書即說，「……這三個腦往往各自運作，或存在衝突。」；另一位身兼作家和教師的凱斯（Ken Keys）也提到：「雖然我們的皮質腦具備的處理能力，比任何電腦都強大，不過，新腦並未使用監控反饋系統和舊腦連在一起，也沒有加裝讓大腦達到最佳化運作的控制電路。因此，我們的新腦，就是顯意識，儘管可以分析問題，產生理性解決方案，卻對舊腦，就是受非理性感覺掌管的潛意識的運作情形，卻一點概念都沒有。……這就是問題的關鍵所在。新腦和舊腦溝通不良，造成很多日常生活的問題。例如，舊腦會不理會新腦的控制系統，卻小題大作，任憑悶在潛意識內數十年的情緒恣意爆發……而目前運作的新腦，儘管擁有力量和能力，也知自重，但潛意識卻持續扯顯意識後腿，開啟孩童時期寫入的負面程式，以無效不當的反應，回應人生的挑戰。」

大小

潛意識占據大腦92％的大小。顯意識僅佔剩下的8％。所以，和潛意識相比，顯意識迷你得多。

視力

顯意識會透過雙眼視物，所以現在你的顯意識在閱讀印在紙上的文字。

而潛意識卻無法視物，和外在世界沒有聯繫，只能看到顯意識看到的東西。因此，潛意識無法區分實際和想像。剛剛講過的這句話非常重要，會被一再重複。這可不是猜測，因心理學家已透過實驗證明。

潛意識仰賴感官輸入資訊，因此潛意識會用同樣的方式，回應實際和想像。例如，當你夢到怪獸的時候，你身體的反應，和實際看到怪獸的時候一樣。遭遇危機的「戰鬥或逃跑」（fight or flight）機制啟動，讓腎上腺素進入血液，導致你的身體出汗和心跳加速等。但實際上卻沒有怪獸或真實的威脅在你身邊。

溝通

顯意識的想法會透過內在或外在的聲音傳達。想法多半透過聲音傳達，而聲音往往行諸於語言。顯意識主要用語言溝通。這就是為什麼擁有大量字彙很重要，因為字彙是傳達思想的工具。

潛意識擁有的字彙較少，不擅用言詞溝通。多數人的夢境不會包含語言，因潛意識主要用影像和情感溝通。例如，你（的顯

意識）可能會說：「我很害怕，但是我不知道我為什麼害怕。」而你的潛意識表達害怕的方式，可能是讓怪獸在夢境追殺你。

功能

顯意識控制自主功能。例如，我可以有意識地舉起或放下我的手臂。我可以走來走去，這些都是有意識的活動。

顯意識有個重要特性，就是一次只能做一件事。顯意識無法一次做兩件事。某些人可能會反駁，認為自己可以同時閱讀和看電視。如果你真的在某一刻意識到你當下正在做的事，你會發現自己不是在閱讀，就是在看電視。同時做兩件事，需要在兩件事間快速轉換。

回想你首次想要同時間拍頭並順時針撫摸肚子的情景。你一開始會做不到，但是你很快把其中一項動作送進潛意識以後，就變得很容易啦。然後，如果你要轉換這兩個動作的功能，改成摸頭和拍肚子，又會開始覺得困難。不過你可能只需要數秒時間學習其中一項功能，並把這項任務交代給潛意識後，又可以在同一時間內，成功做到兩個動作。

《紐約時報》最近報導了一項科學研究，在有意識的情況下，人類無法同時開車和講手機。換句話說，你不是在開車，就是在

講手機，但你沒辦法同時做這兩件事。核磁共振攝影的大腦活動讓科學家發現，大腦僅提供相當有限的空間，給需要注意力的工作。其中一名科學家表示，如果你真的想仔細傾聽來電者說了什麼，你會閉上眼睛。

另一篇報導則指出，某位母親因為全神貫注地在講電話，下公車的時候，甚至忘記把自己四個月大的寶寶帶走。

一個簡單的實驗可以證明你的顯意識一次只能做一件事。把一項輕的東西拿起來，例如鉛筆，再讓其掉下去。簡單吧！好，讓筆掉下去的時候，你要有意識地決定，讓筆掉下去的時點。現在，拿著筆必且持續告訴自己：「我可以放手、我可以放手、我可以放手……」，如果你真的專注在一個想法，就是你能放手的想法，那你一定無法決定你什麼時候可以放手。如果你無法決定什麼時候可以放手，那你根本放不了手。同時有意識地想著「我可以放手」和「我現在要放手」，是不可能做到的。

你也可以回想你學開車的時候。我們很多人以前學的是手排車。第一堂課往往是下面的情景：你發動車子以後，車子搖搖晃晃，引擎卻不動，因為你忘了換到空檔。你再重新發動車子，引

擎還是不動，因為你沒有供油到引擎。你換檔後只聽到一陣碰撞：你忘記踩離合器。現在你腳踩離合器，並換到第一檔，結果又沒有踩離合器，所以引擎又不動了，因為你沒有想到要供油到引擎。最後，車子終於開動了，結果你爸爸尖叫道：「小心！」喔喔，你沒有轉方向盤，而是在想著換檔。

學習開車的經過是個好例子，可以讓你知道，讓顯意識同時間做很多事情，是多麼困難的一件事。不過，在你將這些動作，一個一個交給潛意識後，開車就變得很簡單，因為這一連串動作，不再需要透過顯意識努力。

另一個例子是打高爾夫球。你在學打高爾夫球的時候，揮桿時要同時考慮很多事。初學者揮桿的動作往往笨拙不流暢，不過你把每一個動作輸入潛意識後，揮桿時就不需要多加思索。事實上，揮桿時（用顯意識）考慮再三，反而會阻礙你的表現。

潛意識可以在同時間內完成千百樣事情。我們不需要苦心孤詣地想著呼吸、想著消化食物、想著對抗外來細胞、想著排放胰島素等；感到熱的時候，不用思考出汗的問題。上述主題會在下一課討論，第3課我們會發現潛意識就像電腦一樣。

認知過程

顯意識以邏輯思考，運用先見和後見之明，亦使用歸納法和演繹法分析，擁有抽象思考、理性分析、批判、選擇、辨別、計畫、發明、和構成能力。

顯意識過濾大半進入潛意識的影響和資訊。所有資訊都進入潛意識，但只有顯意識能對那些進入的資訊帶來影響，或給予力量。顯意識凌駕在潛意識之上。誠如之前所述，顯意識直到三歲才開始發展，到了20歲左右，才會發展完全。所以，你歷經早期人格養成的重要階段時，並沒有過濾資訊的能力。因此，你的潛意識裡其實有不少垃圾，對你的健康、心理狀況和生產力，其實帶來了不良後果。

潛意識和顯意識相反，不用邏輯思考，而是靠感覺行事。潛意識是七情六慾的來源，愛、恨、焦慮、恐懼、嫉妒、悲傷、憤怒、喜樂、欲望等情感，都是來自潛意識。當你說「我覺得……」，感覺就是源自你的潛意識。你可以想個例子，如憤怒。某個人表達極大的憤怒時，會顯示強烈的情緒或力量，這時候這個人是很不理性的，之後此人（的顯意識）可能也不太記得，自己暴怒的經過。

潛意識以歸納的方式，透過歸納細節整理通則，進行理性判斷。如果你告訴潛意識自己行動笨拙，它會設法讓你做一些笨拙的事情。通常，歸納思考並不太合乎邏輯。

顯意識會以客觀分析字詞。客觀來說，「母親」是指女性家長。不過，潛意識會以主觀的方式，賦予字詞其他的含意。聽到「母親」一詞，會帶給你各種相關感覺，而這些感覺，都是來自你的潛意識。

意志、力量，和意志力

顯意識是有知覺的。顯意識知道人、事、物，和條件，也知道自己有意識。顯意識包含對自己的認識，和對所處環境的認識。

顯意識有意志，這點很重要。意志是顯意識開始或引導某項想法的能力。意志引導你的思路。人類擁有自由意志。

啊！但是潛意識也有這樣的力量唷！刊載於《今日心理學》（*Psychology Today*）的某篇文章曾指出，「……我們發現大腦可以發電，也是電能的來源。」你的大腦可以產生約25瓦的電量，而潛意識可將這些電量轉換成欲望、情緒、衝動，或緊張帶來的刺痛等。

潛意識的能量源源不絕，因為你的大腦終其一生，全年無休地在工作。

使用潛意識的美妙，在於你不需要努力。使用你的潛意識，不需要透過顯意識努力。顯意識的努力，即使立意多麼良善，只會幫倒忙，阻礙潛意識運作。

透過顯意識做事需要付出努力。記得第一次學新東西的時候，是不是要付出努力呀？例如，學會繫鞋帶是需要花點時間的。第一次或第二次綁鞋帶的時候，可能覺得比較複雜。想像一下，你可能得寫下繫鞋帶的所有步驟，從沒綁過鞋帶的人，才有辦法成功繫好鞋帶。

當你養成習慣後，換句話講，就是你把工作委派給潛意識以後，綁鞋帶就變得很容易啦。可能會簡單到讓你在綁鞋帶時，甚至不用思考。你在打蝴蝶結的時候，可能甚至一點印象都沒有，因為你是在無意識的狀況下，完成這件事。

某位跳高選手破紀錄後接受電視訪問時表示：「我不記得跳過去的經過，但是記得開始跳之前，我知道自己會成功。」他不記得破紀錄的經過，因為他讓自己的潛意識動工，在無意識的狀態下起跳。潛意識不需要透過心理上的努力，就可以完成一切工作。

如果他起跳的時候，使用顯意識，他一定不會表現得這麼好。

　　關於上述主題，寫得最好的專書是葛維（Timothy Gallwey）撰寫的《網球的內在革命》（*The Inner Game of Tennis*）。不要因為自己不會打網球，就跳過本書，你只要在心裡默默地把網球換成其他詞就好啦。而葛維在本書明確指出，顯意識做不到困難的工作，例如打網球（或開車和打高爾夫球等）。不過呢，潛意識不但可以完成這些困難的工作，在沒有顯意識干擾的情況下，還可以不費吹灰之力地完美達成任務。訣竅就在這裡：不要讓顯意識擋路，把顯意識趕走。

　　所以，顯意識有意志，潛意識則掌握力量，當顯意識和潛意識合作無間時，你就有意志力。你就可以「一心一意」。

　　但是，如果顯意識和潛意識發生衝突，就不會有意志力。你就會「三心二意」。你的顯意識無法直接制服潛意識，以「意志」驅使潛意識做事。

　　法國醫生庫威（Emile Coue）當時是歐洲的大名醫，治好很多疑難雜症。他相信可以透過急促含糊地說話（不假思索地快速講

話，讓顯意識感到厭煩，以失去注意力）表達自我肯定，直到此想法進入潛意識，並為潛意識完全接受。他最讓大家耳熟能詳自我肯定想法，是「每一天，萬事都會越來越美好。」

庫威表示：「當意志和想像衝突時，想像都會獲勝。」意思是當顯意識和潛意識發生衝突時，贏家總是潛意識。潛意識獲勝是因為它有力量（潛意識擁有電力和化學力量），還有，潛意識的塊頭比較大。

某位超重的男士想靠意志減肥，但如果他不改變建立在潛意識中，暴飲暴食的習慣，最後潛意識還是會勝出。他減下來的體重，會重新跑回身上。他可能會靠意志，不享用美味的甜點，但是躲在潛意識的欲望，終究會獲勝。他不需要努力，就會把甜點吃掉。

所以，你的工作就是學習使用潛意識，讓潛意識為你工作。潛意識雖然孔武有力，但沒有你的顯意識聰明。所以，你要學會把潛意識變成你的精靈，為你做事。而不是讓潛意識當你的主人，讓它騎在你頭上。

記憶空間

顯意識的記憶空間有限，多數為短暫記憶力。潛意識和顯意識卻有天大的差異，擁有無限的記憶空間。你可能不認為自己是這樣。嗯，的確是如此。你在人生中的體驗，都留下相當的記憶，但你的回憶往往不牢靠。

控制

顯意識和潛意識發生衝突時，贏家都是潛意識，所以，你知道如何控制潛意識，就可以獲勝。你會學到如何影響並控制潛意識，而不被潛意識控制。你會製造自己的專屬精靈喔！意思是，你的顯意識會成為主人，潛意識則變成精靈。

顯意識可以指揮潛意識行動，改變習慣，並扭轉負面的思考方式，改善你的生理和心理健康，我們的顯意識甚至會擁有影響非自主功能的能力。

數十年前，西方世界認為控制非自主功能，是不可能的事情。現在西方世界已經知道如何控制非自主功能，如血壓、心跳，或影響身體某部分的循環等。

下表總結了顯意識和潛意識之間的差異：

項目	顯意識	潛意識
年齡	新	老
大小	小	大
視力	看得見	看不見
溝通方式	語言	影像、感覺
認知過程	合邏輯	不合邏輯
成熟度	成熟	不成熟
時間概念	過去、現在、未來	現在
意志力	意志	力
同時間內可完成的任務	一項	千百項
記憶空間	有限	無限
控制項目	潛意識的主人	身體和行為（你的精靈）

制約進入ALPHA狀態

你現在可以坐在一張舒適的椅子上，進入alpha狀態，全身放鬆地聽別人朗讀下面的指示，你也以先錄下指示，再播放給自己聽。整套程序大概只要十分鐘。

你一天要進入alpha狀態很多次，給你的精靈下指示。所以

每次進入alpha狀態前，請別人朗讀指示，或是播放自己錄好的內容，其實不太實際。你必須制約自己，只靠深呼吸，倒數3、2、1，並對自己說「ALPHA」，就進入alpha狀態。將自己調整好後，進入alpha狀態，就是這麼快、這麼簡單。本書每課後面都附有進入催眠狀態的練習。

　　訓練自己進入alpha狀態很容易，只需要一點練習，就可以學得會。有些人可以在短時間內進入alpha狀態，有些人則需要花費較長時間。把眼睛閉上，並放鬆，引導自己進入alpha狀態。放鬆可能會伴隨著沈重和溫暖的感覺。進入alpha狀態一次後，你便可以在短時間內，隨時回到alpha狀態。

自我、深入、放輕鬆

　　本課程提供的進入alpha狀態的制約練習，程序和坊間最常見的自我催眠過程，可能大致相同，不過名稱不會一樣。因為「催眠」二字常含有負面意義，一般人對催眠的聯想，往往是控制他人的心思意念，讓被催眠的人在觀眾面前，表現得像白痴一樣。這樣想實在是令人哀傷，所以我想改個名稱。首先，沒有人能完全確定什麼是催眠術。知名心靈學家奎斯金曾拿出10萬美元，重賞可以完全證明「催眠昏睡狀態」存在的人士。結果沒有人拿到

這筆錢。奎斯金從來沒有讓志願者進入昏睡狀態，但他很擅於在潛意識中植入建議。

羅西（Ernest Rossi）在1993年出版的大作《身心靈治療的心理生理學》（*Psychobiology of Mind-Body Healing*）表示：「催眠從2百年前便興起，但專業催眠師對催眠是什麼，依舊眾說紛紜，而催眠還是沒有共通的定義，目前也沒有定義或實驗，可以證明催眠狀態是否存在！」某些專家因此宣稱，催眠昏睡狀態，或是催眠狀態，根本不存在。

所以，我們不要去拘泥這個方式的名稱，就改叫它「自我alpha調控」（Self-Alphamation；這是我自己編出的詞），聽起來不錯，不過可能沒有人知道我在講什麼。本課程的練習，只是幫你進入alpha狀態的方式，讓你可以在自己的潛意識中植入建議。練習的好處，還可以讓你在晚上睡得更好。優質睡眠對你的健康、記憶和情緒都會有幫助。完成練習後，很多人發現自己需要的睡眠時間縮短了。

步驟

這套程序沒啥神奇之處，可以用千百種方式進行。例如，開始放鬆的時候，你要從頭開始或從腳開始都可以，只要能放鬆下

來的程序，都通通適用。目的是要讓你的顯意識無法集中注意力，放棄控制權，並退居幕後，同時並勸誘潛意識浮出表面。你進入alpha狀態後，就可以透過潛意識，讓你的身體比在狀態時更放鬆。

你可以請別人為你朗讀催眠程序，或是錄下後播放出來。

某些自我成長書籍，會提到如何測試自己進入不一樣的狀態，但我要說不要測試自己。不要懷疑你沒有進入alpha狀態。如果你因各種理由失敗一次，一次的失敗就可以摧毀你的信心。只要你表現得像你已經進入alpha狀態，你就會真的進去。所以要抱持正確的態度。設法放鬆並進入alpha狀態，要有信心喔。

就是要放手，不要讓顯意識費盡心機，換句話說，就是不要去字斟句酌，並評斷自己是否有進入alpha狀態。而是要使用潛意識，換句話說，就是透過想像、做白日夢，並停留在現在。不要去想昨天發生了什麼事，或是十分鐘前發生過的事情，也不要去想十分鐘前發生過什麼事。讓你的思緒停留在現在。

有些視聽道具可以幫你潛意識進入alpha狀態。我認為，最好的道具是每秒十下（進入alpha狀態），或是每秒五下（進入theta狀態）的節拍器。位於德州的席瓦國際公司（Silva International）的相關課程，就採用這種方式，並推廣到全球。某些音樂家

的作品也會有幫助，例如莫札特的音樂，或是湯普森（Jeffrey Thompson）製作的心靈音樂。請注意下面列出的重要事項。這是你該進入 alpha 狀態的情況：

- 注意力分散是為了讓我進入更深的 alpha 狀態。
- 每次練習的時候，我都會進入更深的 alpha 狀態。
- 我越練習多次，就會變得越容易。
- 我的潛意識接受積極健康的建議。
- 每次用拇指觸碰食指時，就提醒自己放鬆並保持沈穩。

還有一個建議，就是每次你說，或是心裡想著「3 … 2 … 1 … ALPHA。」你就會進入 alpha 狀態。練習夠多次後，你就不用透過十分鐘的催眠步驟，只要告訴自己「3 … 2 … 1 … ALPHA」，就可以立刻切換至 alpha 狀態。

這些練習的目的，是讓你進入 alpha 狀態的同時，依舊保持清醒。因為，你需要發揮創意，參加運動比賽，或是考試等時候，保持清醒會對你很有幫助。請把下面步驟錄下來，如果要用播放出來聽的方式，最好坐在一張舒服的椅子上。

進入ALPHA狀態：逐步放鬆

抬頭20度，並盯著某一點看。打開眼睛以達到alpha狀態。不過，現在閉上眼睛聽我說話。

現在，你可望體驗更深的放鬆……你渴望經歷前所未有的放鬆。深度的放鬆有益健康，可以讓你的身體獲得養分，並讓病痛痊癒…深度放鬆可以讓你的心靈再度更新。

你慢慢地、深深地吸一口氣，要吸得非常非常地慢。

放鬆非常容易……你的工作就是放手……全然地放手……讓身體變軟……讓肌肉放鬆。

進入深度放鬆狀態後，會感到沈重和溫暖的感覺……親切的溫暖的感覺……舒服的溫暖的感覺……平靜……愉悅的感覺。現在，你覺得身體越來越重，你正在放手…正在放手。

想像一個溫暖、發出白光的氣球，光看著氣球，就帶給你

溫暖、愉悅的感覺。想像氣球的白光，從你的足部，射進你的身體，讓你的腳趾變得更沈重，腳趾一根接著一根，都產生放鬆的感覺，並讓這股溫暖，滲進你的身體。現在讓你的足部感到放鬆，感到你的雙腳放在地上。現在讓這顆光之氣球，與這股沈重的感覺，緩緩升起，通過你的腳踝……小腿……和大腿，你的雙腿現在完全放鬆。

這顆安詳的光之氣球，和這股輕鬆的感覺，現在通過你的臀部，這股沈重令你感到非常愉悅……也令你覺得美妙的不得了。深度、深度、健康的放鬆。單單放手……放手……讓你的身體放鬆。讓你的身心靈都可達到健康、自然的狀態。

現在這顆溫暖、親切的光芒，進入你的四肢，一股深入、輕鬆的感覺，爬進你的背上，滲入你的身體。讓你背部的肌肉非常放鬆……非常非常放鬆。你的背部感到放鬆和沈重的感覺。你的肩膀下垂，並變得越來越重。現在，感到腹部和胸部的肌肉放鬆。這樣做的時候，感到四肢的重量增加……因為重力的緣故，感到被往下拉。現在你全身放鬆，感到妙不可言，記得要放手………完全放手。你身體內部所有的肌肉都

放手。

　　現在，想像這顆溫暖、沈重的發光氣球，飄進你的頭部和手臂。放鬆頸部的肌肉，感到你頸部的肌肉，變得越來越沈重，也越來越放鬆。讓你的肌肉狀態，使頸部維持舒服的姿勢。讓這樣的放鬆感，從頸部進入手部，再進入手指……一路到達指尖。你的手臂完全放鬆……你的手指現在也完全放鬆，鬆軟無力……你的手指鬆軟，並且沈重。

　　現在你可以讓放鬆的感覺擴展到下巴，感到你下巴肌肉的放鬆。再來，感到喉嚨和舌頭也放鬆，所有內部的活動皆停止。最後，感到你的頭部放鬆。

　　你現在完完全全地放鬆了……你身體的每束肌肉、每個細胞都感到放鬆。你非常舒服……也覺得十分滿足，達到了非常愉悅的狀態……非常非常愉悅……非常非常放鬆……也非常非常舒服。你全身上下都非常喜歡進入 alpha 狀態，體會這種深度放鬆的感覺。

　　每次呼吸，你都會越來越放鬆。每次呼吸，你都覺得越來越舒服、越來越輕鬆，也越來越快樂。現在想像一幅愉快的情景……你看到自己身處在熱帶島嶼的海灘，感到自己的身

體沐浴在陽光下，以及腳掌摩擦沙子的感覺。當你將腳踩進柔軟、寬容一切的沙灘時，感受溫暖的沙子在你腳趾的間隙流動。你看到自己坐在一張柔軟、奢華的椅子上……感到全然的舒適……完完全全放鬆。你看向大海，水面寧靜無波。沈靜的海浪，隨著你的呼吸緩緩起伏……節奏緩慢放鬆。你呼氣的時候，釋放還殘存你體內的，些微的緊張感。每次呼氣的時候，都會有一絲緊張感逸出你的身體，每次你呼氣……你都會越來越放鬆。

去聞一聞沾染鹽味的新鮮空氣……體驗溫暖的熱帶微風，輕觸身體的感覺。你聽到海鳥在遠處鳴叫……也看到海鳥沿著海岸線高低飛翔。海岸種植了一列的棕櫚樹，你聽見為風吹過棕櫚葉，造成的沙沙聲。你看到纖細的棕櫚樹隨風搖曳的姿態。

你掬起一把沙子，並任其落回沙灘上，不費任何工夫，掉下的沙粒，就形成一座小沙堆。沙堆完全沒有反抗的意志……一點都不感到緊張。

在珊瑚礁淺灘附近，碧綠、湛藍、溫暖、清澈的海水，讓

你一飽眼福。你非常、非常地放鬆……你身體的每束肌肉都很鬆軟……身體的每個部位，都感到沈重、放鬆……你感到一股美好、溫暖的光輝，散發至身體各處，這是完全的放鬆，帶來完美並毫無阻礙的循環，所造成的結果……沈迷在這股感覺中，並好好享受這樣的狀態。你知道這是健康的狀態，讓你的身體變得更年輕……更有精神……擁有自癒功能……這些結果，得來輕鬆容易。

每次你放鬆……每次你進入這個狀態，就是進入避難所……放鬆會變得越來越容易。每次你練習深度放鬆，你會放鬆地更快，並更能進入更深度的心靈健康狀態……這種感覺越深入，你就會越樂在其中。你越練習深度放鬆，就越能進入沈穩、快樂和健康的境地。

噪音或其他干擾，只是要幫你變得更放鬆。每次你聽到噪音，就會更深入避難所，並且變得更輕鬆。所有的緊張都會消失殆盡。你完全放鬆……平靜……快樂……滿足。

如果任何緊急狀況發生，你會保持機警。你的潛意識能快

速偵測緊急狀況，並讓你馬上進入警戒狀態。

你處於自然、健康的alpha狀態……接納健康、正面的建議。你的內心只接受對自己或對他人大有裨益的正面建議。

每次你要回到如此輕鬆的感覺……就是你的避難所的時候，只要想到「ALPHA」這個字，就表示你要重回身心靈的平靜狀態。alpha在日常對話中，只是一個普通的字眼，並沒有特異功能。但是當你想要完全放鬆身體和心靈，「ALPHA」這個字，可以讓你切換到這個自然的狀態。

每當你想驅走身體的緊張……每次你想感受到平靜和安寧，只要用拇指觸碰食指便可。將這個動作和鎮定……安寧……放鬆……快樂……沈穩……和任何良好的感覺聯想在一起。將拇指和食指碰在一起，就可讓你放鬆。白天的時候，無論你身處何時何地，只要你想放鬆……只要你想釋放身體壓力時，將拇指和食指碰在一起，就可以做到。碰觸拇指和食指是個訊號，表示你要進入完全沈穩的狀態。

好，現在感覺開心……感覺放鬆……感覺健康……感覺完整……感覺恢復青春……感覺安詳和快樂，開始回到完全清醒的有意識狀態。數到「3」後你就會完全清醒，眼睛也會張開。我現在要從1數到3。「1」……「2」……感到安心和喜樂……。「3」你現在完全清醒！

第 3 課

你的超級生物電腦

讓潛意識辨認目標、使命必達

對這個世代的消費者來說，電腦是司空見慣的東西。不過，對我們這種沒有伴隨電腦長大的世代而言，電腦的功能便讓我們嘆為觀止啦。我們對電腦風馳電掣的運作速度、龐大的記憶能力，和可以同時執行各式複雜的程式，往往感到嘆為觀止。電腦的確夠炫，不過你的潛意識可是比市面上的任何電腦，來得更了不起。學人霍金（Stephen Hawking）曾在其大作《胡桃裡的宇宙》（*The Universe in a Nutshell*）指出：「目前電腦的運算能力，依舊不如一隻不起眼的蚯蚓。」而你的大腦，性能可是比蚯蚓的腦優越千百萬倍啊。

　　你的大腦擁有超大容量的記憶體，如果沒有顯意識從中作梗，運作時也可以完全零出錯。在有意識或無意識的情況下，都很容易寫入程式。

　　大腦不像坊間的電腦，靠電能和化學能供給動力，資訊藉著電衝（electric impulse），透過神經傳達，並藉著化學機制，跳過一個又一個神經元傳遞訊息。你的潛意識是台超級生物電腦，安裝了為數眾多的複雜程式。多數程式是生存所必須，想要安適地活在世界上，你一定少不了它們。我們把太多這樣的程式，例如執行走路、奔跑、站穩、和喝水等動作所必須的程式，視為理所當然。不過，我們也儲存了過於老舊，或是會產生不良後果的程

式，例如沒耐心、貪食，和易怒等等。

現在讓我們來好好研究你的超級電腦，也就是潛意識。

資料儲存

顯意識的記憶體，只能短暫記憶，容量也有限制。測驗顯示，多數人無法一次記下七位數以上的數字。

相反地，潛意識的記憶容量則堪稱為無上限。某位喜劇演員曾吐出下面妙語：「記憶是你遺忘的東西。」這句話聽起來妙歸妙，但卻不對。從你出生開始（可能甚至出生以前），任何你看到、聽到、摸到、聞到，或是感受到的一切，都在你的記憶之中，因為所有資料都儲存在那裡，有問題的是你的回憶能力。

你的大腦擁有的記憶體容量，超過你的使用量。每項記憶製造一條路徑。PBS電視台的某個紀錄片節目指出，你的大腦擁有的路徑，高於全宇宙所有的原子數目！所以如果一條路徑用一個原子數，全宇宙的原子會不夠用！

如果你這輩子活了70歲，每秒鐘接受十項新資訊，你接受到的資訊總數，將約22乘上109位元。而你的記憶體容量約為22乘1030位元。某些人估計，全世界所有的路，需要的記憶體空間，占你腦容量的大小，只和一顆豌豆差不多。

潘飛（Wilder Penfield）醫生在1950年曾提出，接受腦部手術卻沒有被麻醉的病人之情況。若病人大腦的某部位被電探針碰到，病人能夠回憶起發生在他們身上的某件事的所有相關細節、所看到的一切景象，氣味、質料，和味道等。

下面的例子，展現了我們記憶力能有多優秀的表現：

- 心理學家詹姆士（William James）90歲的時候，能在一個月內，背下米爾頓（John Milton）長達12巨冊的史詩《失樂園》（*Paradise Lost*），因為他覺得自己的記憶力正在走下坡。
- 拿破崙可以叫出1千名麾下士兵的名字。
- 羅斯福時代的政客法利（James Farley）迎接5千名賓客時，可以叫出他們的名字。
- 指揮家托斯卡尼尼（Arturo Toscanini）對1百齣歌劇和250首交響曲，裡面的每項樂器負責的部分，其中的每個音符，都記得清清楚楚。

時時刻刻都在運作

你的潛意識每天24小時都保持清醒，從不睡覺。就算你被麻醉，潛意識還是依舊清醒。在舊金山職業的外科醫生齊克（Cheek），於1970年曾在《生活雜誌》（*Life Magazine*）上發表臨床案例，證明病人可以在手術中聽到醫生的對話。

齊克醫生的兒子，也聽得到這些對話，因此深受其害。他的兒子患了「充血性心臟衰竭」的問題，需要透過手術治療。手術相當成功，但他兒子術後卻得到了憂鬱症，並常常上氣不接下氣。

透過對兒子催眠，齊克醫生才發現，兒子在手術中，聽到外科醫生說：「……這個我們治不好。」詢問操刀的外科醫生後，其中一名醫生說，當時他們發現第二個充血性缺陷，不過這個缺陷不太嚴重，不值得冒險開刀，反正此缺陷會自己痊癒。

不過，他的兒子的潛意識只聽到片斷的「這個我們治不好」一句話，便片面認為自己的病好不了，而這個孩子的潛意識斷章取義，並根據他相信的事實反應。

把每句話當真

你的潛意識不理性，也沒有判斷能力。潛意識沒有常識，也沒有幽默感，而是會斷章取義，並把每句話當真。如果某人被催

眠的時候，別人問他：「你可以告訴我你幾歲嗎？」擁有邏輯的顯意識，會了解發問者想知道此人幾歲。不過潛意識只會照字面解釋問題，並回答：「可以。」

父母和老師常常會用下面的負面字句責罵孩子。儘管他們可能出於愛之深，責之切，但潛意識會完全照字面意思，解釋這些責罵的言語，而在孩子年幼時，顯意識會完全一字不漏地將這些訊息，毫無保留地送進潛意識中。

「你這笨孩子。」或「你好笨。」

「你這又胖又笨的孩子。」

「你這白痴。」

「你就是學不會喔？」

「你怎麼老是做錯？」

「多吃點才會健康。」

有種叫做「器官語言」（organ language）的現象，就是潛意識斷章取義接受話語的例子。器官語言是說，強烈的情緒鎖住了身體某部分，導致此人生理上產生不適。史德曼（Alice Steadman）在其著作《與我何干》（Who's the Matter with Me），便指出，在

心理神經免疫學這個新領域中，已經有科學證據，為器官語言這類現象背書。

「那讓我脖子痛。」

「喔！我背痛。」

「那讓我不舒服。」

「那讓我背痛的要命。」

「我受不了啦。」

通常這些話不會對一般人產生反應，不過講久了，或是帶著強烈的情緒講這些話，這些話就會產生效果。

李恪朗（Lecron）提出一個案例：有位病人口中有惡臭，因此消瘦不少，導致健康受損。醫生也不了解他口中的惡臭，究竟從何而來。在探究病因的過程中，李恪朗發現此人差一點要上法庭作證，假設他出庭作證，那被告，就是他最好的客戶，就會被判有罪。他最後不用出庭，不過這件事卻讓他的口裡留下了惡臭。

榮格（Carl Jung）也曾提到一個案例：某個氣喘病人「無法呼吸家中的空氣」，這個病人也有長期消化不良的毛病，「無法在某些情況下消化食物。」席格爾（Bernie Siegel）醫生提出另一個

案例，指出某個乳房被切除的患者，和姊姊之間的長期不和，導致她需要從「胸部取下東西。」

柏朗妮（Sylvia Browne）在自己的暢銷書則提到，有一位死於胃潰瘍的病患，在死前不斷重複：「我再也活不下去了。」柏朗妮也分享自己的親身體驗：當她的家人「對她不滿時」，她的膀胱發炎。

---

*譯註：

英文的某些和器官有關的相關用語，其實是用來表示說話者的心情。但對本書提到的病患，卻造成身體器官的影響。

那位切除乳房的病患，因為和姊姊長期鬧得不可開交，因此需要get something off her chest。字面的意思「從胸部取下東西」，引申的意思為「卸下心上大石」，結果她的乳房竟因病被切除，胸部的東西遭到取下。

死於胃潰瘍的病患，說自己「活不下去」時，是說「I just can't stomach life anymore.」在這裡stomach作動詞是「忍受」的意思，但stomach也有「胃部」的意思。

最後，柏朗妮說家人對她不滿，是用piss off這個片語。而piss是「小便」的意思，因此導致她的排便器官膀胱出問題。

對每件事當真

臨床和實驗心理學家皆已證明，人類的神經系統無法辨別真實的經驗，和逼真的想像。腦部生理學專家愛克禮博士夫婦（Drs. Eccles）和謝靈頓爵士（Sir Charles Sherrington）曾經指出：「你在學習的時候，神經元會形成鎖鏈的圖案，並安裝在大腦組織中。形成的鎖鏈或電路圖，是大腦回溯記憶的路徑。所以潛意識無法區別真實和想像的經驗，而透過完全的心智訓練，可以改變並糾正不完美的電路圖案，改變這些已成自然的壞習慣。」

這表示，你可以透過訓練心智，學習並改善生理和心理狀態，使用想像力的好處，是你在練習時，動作或行動（就是你的神經圖案）不會產生偏差，而實際的練習則不完美，因此往往讓錯誤的圖案，錯得更離譜。

心理學家利用三種不同的方式，讓初學者學習全新的技能，證明上述假設。其中一個實驗，是訓練受試者擲標槍，因為美國人往往沒有接觸過這項玩意。實驗方式是：第一組聽課，了解「擲標槍的藝術」。第二組則是實際練習擲標槍。第三組則練習使用想像力擲標槍：第三組受試者坐在舒服的椅子上，閱讀讓自己放鬆的步驟，然後試圖在腦海裡，描繪出將擲標槍射進牛眼的英

姿。每一組練習一段時間後，想像組總是表現得很好，或優於其他兩組。

俄羅斯科學家則透過另一個更精確的實驗，他們將俄羅斯運動員分成四組，並按照不同的比例，提供實際和想像訓練課程：

第1組的「實際訓練」占比100％，不做「想像訓練」；
第2組的「實際訓練」占比75％，「想像訓練」占25％；
第3組的「實際訓練」占比50％，「想像訓練」也占50％；
第4組的「想像訓練」占比100％，不做「實際訓練」。

而經過一段訓練時間後，第一組排名第四，第二組排名第三，第三組排名第二，第四組排名第一。

「想像」現在也已經是運動員訓練的一環，實際訓練當然也不可或缺。運動員用想像和實際訓練，讓自己的表現得到最佳狀態。

運用想像力不只是運動員的專利，進行面試、銷售、公開演說時，想像力也可帶來馬到成功之效。

不妨先描繪你自己成功進行面試的畫面；描繪你自己得到工作的畫面；描繪你自己在數千名對演講有興趣的人演講的畫面；想像出聽到觀眾大力拍手，並在你演講結束後，站起來喝采的畫面。

你的生物電腦操控最傑出的機器人：你的身體

你的顯意識一次只能做一件事，但潛意識可以一次執行數十兆個動作。想像一下，讓電腦操控機器人，執行人體做得到的動作，要付出多少心力。人造電腦每秒執行的動作，跟你的潛意識每秒命令人體動作的能力相比，可謂有天壤之別。

潛意識每分每秒皆掌管多數人體活動，並對這些活動產生各樣影響。茲舉數例於下：消化、讓骨頭痊癒、免疫系統、體溫調節、心跳頻率、呼吸、繁殖（沒有一台電腦生得出小孩），以及肌肉協調能力。總而言之，潛意識和你身體的每個細胞進行溝通。

上述列出的人體功能，僅是滄海之一粟罷了。欲知詳情，請參閱滿坑滿谷的生物和醫學書籍。

了解你的潛意識可以不費吹灰之力指揮幾十兆項功能同時運作，是非常重要的。這代表潛意識可以不費吹灰之力地圓滿達成任務。

軟體

你潛意識電腦中的軟體程式，包括了習慣、概念、自我形象和制約反應（conditioned reflex）。當他人按下按鈕時，我們就會

按照程式運作。

　　習慣讓人在輕鬆愉快、自動反應，並不需要顯意識幫助的情況下，快速執行這一連串複雜過程的方式。習慣可以帶來幫助，例如：

　　綁鞋帶上的蝴蝶結

　　開車

　　揮（高爾夫球）桿

　　其他

　　但習慣也會帶來壞處，例如：

　　抽煙

　　舉止粗野

　　貪食

　　發脾氣

　　沒耐心

　　其他

多數習慣都在你小時候寫入，你當時完全沒有意識到。

在你出生以後，多數生存必須的程式，已經存在於你的爬蟲腦。這些伴隨你出生的程式，包括控制心跳、體溫、呼吸、吸吮，和其他生存必須的基本應用程式。你腦部其他空間卻是一片空白。因此，你的大腦就像僅安裝基本程式的新電腦，待你安裝其他軟體之後，這台電腦才會發揮功用。

關於大腦早期寫入程式，《新聞週刊》（*Newsweek*）曾經刊登一篇文章，總結了目前專家的研究和想法。下面是此文中的一些摘要觀點整理。

一開始，孩子的大腦只有一團神經元，之後從五官輸入的每個訊息，都會發展成為應用程式。你潛意識中的程式，會漸漸演化，例如，你學習翻身、學習爬行、學習走路、學習拿一杯牛奶，並學習喝牛奶的時候不會濺出來等等。這些活動都要透過龐大的程式執行。就算是立正，也需要很複雜的程式。

這些程式需要趕在「時窗」（time window）關上前建立。時窗關上後，寫入程式時將會遭遇限制，而如此限制很難被解除。專家表示，嬰兒半數的腦細胞，因為沒有被使用的緣故，在五歲時死亡。不同的基礎能力如，數學邏輯能力、視力、字彙能力、語言能力、社交技巧能力，和運動能力，分別有不同的時窗。

「數學邏輯能力時窗」的開放時間，是從出生到四歲，就算是學習一些簡單的概念，像是去學習「1」和「多數」這樣相對的概念，都會讓這項看不見的寫入程式過程，發揮更多潛能。

　　「視力時窗」的開放時間，則從出生到兩歲。這項概念已經透過1970年的實驗證實：實驗者將剛出生的貓的眼皮縫上，兩週後解開縫線，卻發現小貓已終生失明，因為視力的神經元，已經被挪去發展其他功能。

　　另外一個試驗，是讓三組小貓在不一樣的環境上成長：第1組的小貓養在橫條紋的房間，第2組的小貓在直條紋的房間成長，第3組小貓在正常環境下長大。一段時間過後，讓小貓離開原來的房間。而研究者發現，在橫條紋環境下長大的小貓，只看得到橫的東西，所以會常常撞到桌腳。在直條紋房間下長大的小貓不會撞到桌腳，不過會撞到矮桌，因為牠們看不到橫的東西。第3組在正常環境下長大的小貓，則表現一切正常。

　　「字彙時窗」的開放時間則到三歲為止，即使嬰兒聽到不懂的字彙，還是會建立神經元路徑，未來學習時便可發揮更大潛力。

　　「語言時窗」的開放時間，則是從出生到十歲。我們都有注意到，小朋友學習新語言的速度，往往比大人快。人類除非是在年幼時學到新語言，否則終生都會帶著口音。

最重要的時窗，堪稱為「情緒時窗」，開放時間則從出生到兩歲以前。你可以想想看，你的 EQ 在兩歲左右時形成，這就是為什麼某些大人在一些情緒激動的場合下，表現得跟孩子一樣。因為這是他的潛意識在情緒時窗階段，寫入了這樣情緒反應的程式。

「運動時窗」的開放時間，則截至五歲為止。有項突破性實驗證明了這一點。研究者將剛出生的猴子的手綁起來，讓猴子只能使用一根手指，學習時窗關閉後，再將綁起來的手指解開，不過猴子終生都學不會使用其他手指，因為大腦的手指細胞，在運動視窗的開放階段，已被挪為他用。

另外一個和運動發展的例子，是曾經排名世界第一的網球名將：阿格西（Andre Agassi）的成長過程。阿格西迅如雷電的反射動作，與快速擊球的能力，能夠改變戰況，而這需要特殊的手眼協調能力。另外，阿格西的反拍球，也是天下無敵。

阿格西的運動程式，在他數週大時開始寫入。他爸爸在他頭上掛了一顆球，當阿格西大到可以握東西的時候，他爸爸給他一支球拍，讓他練習揮拍。阿格西的父親在他的潛意識中，奠定發展運動的基礎，讓阿格西長大後，大大發揮了運動方面的潛力。

學習時窗的概念顯示，讓小孩在許多玩具、色彩、聲音、對

話、景象的環境下成長，真的非常重要。當然，寫入限制並非絕對，但是要解除這些限制，其實相當困難。最近的研究也指出，時窗關閉時間可能會延長，青春期的時候，大腦仍在培養這些能力，這也會影響到成人後的行為舉止。

因此，成人的潛意識中，有很多負面的程式和想法，在12歲以前已經培養完成。很多是由他人，就是父母、親戚、老師、朋友、電視、社會，和暴力電玩遊戲等植入。不幸的是，許多這樣的程式，往往產生不良的後果。例如：

抽煙

貪食

健康不佳

自我觀感不佳

女生數學不好

每個人都會感冒

「不行，你做不到」或是「你永遠做不到」

請記得，潛意識接受訊息的方式，是把所有訊息皆當真，並照字面解釋訊息。出於善意的父母，往往一再對孩子這樣說：

「你會變得像娘兒們一樣。」

「你好笨。」

「你做不到。」

「你這調皮的孩子。」

「女生本來天生數學就不好。」

有時候，有些輕率的父母或老師，甚至會在一些孩子可塑性強的潛意識中，寫入下面想法：

「你永遠做不到任何事。」

「你永遠不會成功。」

「你是學不會喔？」

「你這壞孩子。」

「你永遠畢不了業。」

如果這些負面言語，只對孩子重複一次兩次，不會有任何影響。但是如果一再重複，尤其是在激起情緒的情況下，這些想法會被潛意識接受。某位研究者曾指出，幼年期的孩子聽到「不行」的次數，高達14萬8千次。難怪這麼多孩子的潛力，會受到這麼多不必要的限制。

制約反應

有時候我們會用不理性的方式反應，卻不知道為什麼，這是因為我們沒有意識到自己被制約。你一定記得巴夫洛夫（Ivan Pavlov）的經典實驗。當巴夫洛夫讓肚子餓的狗看到食物時，狗分泌唾液。然後，巴夫洛夫給狗看到食物的同時，一邊搖鈴，幾次之後，狗便受到鈴聲制約。然後，巴夫洛夫只搖鈴，狗就會分泌唾液，但是搖鈴和分泌唾液，本來並未連結在一起。

下列是幾個制約反應的案例：

- 某位成年女性痛恨菠菜，接受催眠之後，她回溯到一歲時的記憶：當時她坐在高腳椅上吃菠菜，門鈴剛好響起。家裡的德國牧羊犬開始狂吠，奔向門口時，將她的椅子撞翻了。這位成年女性的母親擔心孩子受傷，便大聲哭泣和尖叫，現場一片混亂，伴隨著噪音，並撞到她的頭。這段創傷經驗制約著她，讓她討厭自己當時正在享用的青菜。所以，或許類似的經驗也發生在老布希（George Bush）總統身上，讓他因此討厭花椰菜？
- 另一名病患則是害怕海洋。結果是他小時候，有位救生員

帶回一位被鯊魚咬傷的遊客，這幅可怕的景象，大大挑起他的情緒，導致他被制約，因此害怕海洋。

- 這個例子則可見於1974年8月號的《心理治療》（*Psychotherapy*）雜誌。有個小孩子和父母吵架所以挨揍。他的情緒跟試圖控制啜泣（就是停止胸部起伏）連結，結果下次吵架時，他雖然沒有挨揍，但是他的胸部卻記得這段經驗。他的情緒雖然沒有被挑起，但是最後這個小孩得到氣喘。

我們的潛意識都安裝了千百種程式。多數既有用，也相當重要。但也有很多程式阻礙你活得幸福快樂。你會在後面的課程，會學到如何解除這些帶來不良影響的程式。

歸納處理方式：目標導向

你的潛意識電腦從顯意識擷取資訊，並以歸納法下結論，試圖從細節尋找通則。你的潛意識是台目標導向的電腦，不管目標是出於精細策劃、隨意想出，還是由外界提出，潛意識都會完成任何交待的目標。

這就是為什麼監控進入你潛意識的資訊，是這麼重要。

你是否曾經一再地對自己說：「我很蠢？」如果你對自己這樣說很多次，又是在情緒激動的情況下這樣說，你的精靈就會回應：「好的，主人，我可以讓你看起來很蠢，我可以不費吹灰之力，輕鬆愉快地辦到。」然後，例如，有一天你考試的時候，你明明對內容爛熟，當場卻腦袋一片空白。這可能就是因為潛意識遵守了你的指令。

你是否曾經對自己說，你很笨拙？你的精靈會回答你說：「好的，主人，我可以讓你變得很笨拙，我可以不費吹灰之力，輕鬆愉快地辦到。」然後呢，你莫名其妙地摔倒；或是有一顆飛過來的球，明明很容易接到，你卻漏接，結果當場跌股，出盡洋相。

你是否曾經告訴自己，你很害羞並且不受歡迎呢？如果你常常這樣對自己說，並在情緒激動的情況下，這樣告訴自己，你的精靈會回應：「好的，主人，我可以讓你舉止古怪，使你變得害羞內向，並且不受歡迎，我可以不費吹灰之力，輕鬆愉快地辦到。你甚至不會察覺到，我一定使命必達。」然後呢，你就開始表現得像個蠢蛋一樣，之後你對自己說：「我為什麼要這樣表現？」嗯嗯，你現在知道原因啦。這是你自找的，程式是你自己寫入的。

整形外科醫生麥茲（Maxwell Maltz）曾經針對這個主題，寫

過一本經典名著《心理控制學》（*Phycho-Cybernetics*）。麥茲表示，當他修復不好看的五官時，他的病患會有兩種反應：某些病患完全變了一個人，變得更外向、也更成功。相反地，也有些病患則沒有改變。他們依舊有自卑情節，依舊認為自己是失敗者。

麥茲醫生發現，他可以不用透過手術，幫助某些病患脫離自卑情節和失敗傾向。所以他的結論是，人的行動、情感、行為、甚至能力，往往和此人的自我形象一致。因此，改變自我形象，就可以改變個性和行為！換句話說，你的舉止往往是你對自身的觀感的反映。想要改變個性，關鍵不是改變外在，而是改變自我形象。

麥茲醫生繼續指出，改變不是透過理性、智力，而是透過經驗。而經驗和潛意識的想像，其實意思一樣。潛意識分不清真假，你給什麼，潛意識都照單全收。例如，俗語有云：「人如其食」（You are what you eat.）。另外，我們也說「相由心生」（You are what you think.）。決定你的自我形象是腦部的軟體，神經系統則是硬體，若套用電腦術語，你輸出的資料，就是你的身體和個性。

你的潛意識是目標導向的電腦，也會達成你輸入的任何目標。坊間有不少這方面的專書。其中一本經典之作是艾倫（James

Allen）所著的《意念的力量》（*As A Man Thinketh*）。

所以，你是什麼樣的人，並沒那麼重要，更重要的是，「你認為你自己是怎麼樣的人」。如果你持續想著要成功，你的潛意識就會引導你走向成功。如果你持續認為自己有愛心，你的潛意識就會引導你走向彼此相愛的關係。

就像詹姆士曾指出的：「這個世代最大的躍進，是發現人類透過改變內心的態度，就可以改變生命外在的行為。」

目標

你的目標必須很明確，要不然你的潛意識會感到無所適從。如果你朝令夕改，會落得徒勞無功，並帶來不良的後果。你要精細策劃，並明確寫下目標。做紀錄。列出短程、中程和長程的目標。你可以參考下面列出的目標：

更好的工作

自我形象

更好的住處

新家

財務獨立

思考能力（Mental skills）

體育能力（Physical skills）

健康

你也可以常常檢討並修正你的目標。我建議你想到這些目標的同時，順便也檢討這些目標，就算只有想到幾秒也無妨。在alpha狀態下檢討這些目標。整個檢討過程只需要幾秒鐘。不要跟其他人分享。出於善意的家人和朋友會潑你冷水，說你辦不到，說你沒辦法改變，或是說你得不到你想要的東西。你也會給自己壓力，導致你做出蠢事，或看起來變得很蠢，這些壓力會阻礙你的成功之路。

警告：別訂錯目標

要確保這些是你的目標。你的目標應該讓你感到快樂，而不是讓其他人不快樂。確保每個子目標都會領你走向終極目標。你的終極目標應該是像下列敘述的：生命中的平靜、健康與和諧的狀態；快樂；和自我實現。

愛默森（Ralph Waldo Emerson）曾說過：「衷心（潛意識）

許願的時候要小心，因為你的願望可能會成真。」你一開始可能想賺一堆錢，等大把鈔票入袋之後，你可能會失去朋友、家人、健康。你會變得很有錢，但卻過得悲慘又寂寞，所以訂出一個兼具各方的目標是很重要的，也就是說，你手上一定要有一張清楚、明確的目標清單，這樣你在進入alpha狀態時，就會有所依據。

以下就是潛意識特性的重點清單：

- 分不清真實和想像
- 總是在尋找目標
- 可以被顯意識控制
- 透過影像和情感溝通
- 激烈的情緒，會加強和潛意識的溝通
- alpha狀態會大開潛意識之門
- 擺脫顯意識的阻礙
- 不要努力
- 練習不帶感情地接受
- 放手！

自我形象的想像練習

將一張紙左右對折，左邊寫下「自我形象」，右邊寫下「想像」。在左邊列出三項你想得到的特質，右邊則寫出，如果你擁有這些特質，會發生什麼樣的情景。

自我形象	想像
有魅力	別人聽我說話 別人追隨我 對一大群聽眾演講
優秀的 溝通專家	對一大群聽眾演講 主持脫口秀
成功	開名車 公司總裁 得到獎盃

把這張紙放在你的床頭，睡覺前看著這張紙，並想像你已經擁有這些特質。想像自己在從事上述活動，並想像自己就是那個人。除非你進入alpha狀態，否則不要去想到這張清單。

現在你已經給你的精靈目標，他會想辦法讓你看到自己輕鬆愉快、並不費吹灰之力地成功達成目標。

制約進入THETA狀態

theta狀態是深入冥想，並且靈機一動，得到問題的解答，或是透過想像，得到有創意的方式。文學作品中，常常描述到某人殫精竭慮，卻徒勞無功，最後他們（的顯意識）終於放棄，決定去散步、泡澡、或是從事其他活動放鬆心情，暫時拋開問題。而他們在放鬆，並沉浸在冥想狀態時，腦中竟乍現問題的解答。哈曼（W.Harman）的《更高的創意》（*Higher Creativity*）和其他相關書籍，也舉出了更多例子。

大名鼎鼎的超現實畫家達利（Salvador Dali）會坐在一張椅子上，放輕鬆，進入theta狀態。那時，他會看到超現實景象，並把這些景象畫下來。達利手中會拿一樣東西，所以他進入冥想狀態時，手因為放鬆的緣故，讓手裡的東西掉下來。掉下來的聲響會

把他帶去另一個狀態，好讓他記得他在theta狀態時看到的景象。

　　你不用這麼麻煩的方式進入theta狀態。只要透過下列練習，你隨時隨地都可以制約自己進入theta狀態。不過，練習進入theta狀態以前，要先熟悉第2課的alpha制約練習喔。

進入靈感花園

讓自己處於舒服的環境。

抬頭20度，並盯著某一點看，抬頭讓你感到疲累，所以你將眼睛閉上。

不過，我說話時，你將一直清醒。

讓你自己非常放鬆……讓身體鬆軟無力。放鬆對你大有好處……所以放手……單單放手並放鬆。想像你是一顆氣球，有人為你充氣，一直充氣直到氣球繃緊到瀕臨破掉為止。你的手中有一個氣閥，手放開，就會慢慢放氣。放氣……放氣……放氣……直到你這個氣球完全洩氣，變得又扁又平，並完全放鬆。放鬆讓你聯想到沈重和溫暖的感覺。所以，現在你的身體越變越重……並感到溫暖的舒服浪潮，爬過你的全身……你的雙腳現在放鬆……完全放鬆……你的四肢現在放鬆……完全放鬆……你的手臂放鬆……鬆軟無力……感到你

身體的重量。現在你的頭頸放鬆，只留下足夠的肌肉張力，讓你的頭處於舒適的狀態。現在，想像你是一袋水泥，感到你真的很重。感到袋子一直不斷往下壓、往下壓、往下壓。

現在心裡數到3……2……1……並且心裡說「ALPHA」。你現在處於自然、健康的心理狀態。你的潛意識在這個狀態，只樂意接受健康、積極的建議，這些建議對你和對全人類，都大有好處。

現在你進入更深的自然心理狀態。從5倒數到1，倒數時，讓你自己走得更深，來到這個自然放鬆、健康的狀態……5……你走得更深……4……越來越放鬆……讓你的心理更加放鬆，並更深入地滑進theta狀態……你的心靈很享受這個放鬆的狀態。讓你的顯意識袖手旁觀。……3……越來越緩慢，越來越深入……2……感到平靜安詳……1。你現在處於狀態，你的心智非常有創意，並且以全面的角度思考。

你要開心地去散步。你走在一條平坦、鬆軟地小徑上，遍地鋪以柔軟的樹皮。小徑蜿蜒曲折，前面有高高的籬笆。籬

笆中間有開口，而你慢慢地通過籬笆的開口後，看到前所未有的，最美麗的花園。大片的花海，完美地排列成幾何圖案，這個景象非常賞心悅目。你緩緩地瀏覽過花海：有些顏色鮮艷，有些則淡雅宜人……不過都很漂亮……真的非常漂亮。各種顏色的花朵綻放，有紅色、朱紅……粉紅色。也有藍色的花朵，深藍色……天藍色……寶藍色，還有碧藍色。還有鮮黃色和青綠色……深綠色和橄欖色的花朵。還有彩虹的顏色……樹蔭……綠色、紅色、藍色和紫色、橘色、紫羅蘭色。有些花朵的花瓣比較大……是寬闊、光滑的花瓣，形狀就像船身一樣……有些花朵則小而細緻，但是這些花朵生意盎然，你看到這些漂亮的小花瓣，其中的精細之處，也相當引人入勝。

身處這個花園的，是你的靈感。身處這個花園讓你充滿敬畏之心……此地的美好，讓你嘆為觀止。身處花園給你創造的渴望，這樣的花園應該讓大家都能享受得到。處於這個充滿真理和美好的國度，會讓你想要賦詩……或是寫故事……或作畫……去表達你心中的情感……或是透過其他方式表達。

或許你想要透過幫助別人，表達自我……或是做善事……或是對他人伸出援手。你知道要用什麼方式……開心地……不費吹灰之力地……喜樂地……表達自我。

每朵花對你都有意義，有些代表點子……或概念。有些花朵則代表部分故事，或是漂亮的圖畫的一部分。有些花朵則代表某部分的演講或講道。其他花朵則表示你可以為他人謀福利。

花海綿延不絕。你採下越多花朵，就繁衍出越多花朵。你想採多少朵，就採多少朵。將採下的花朵紮成幾束。去採下一大把花朵。你想採幾束，就採幾束。你可以隨時回來採花。花園總是有花朵，並且不分春夏秋冬，全年綻放，等著你來採。花朵希望你去採，是因為這是花朵存在的目的……為了讓你受益……為了帶給你好處……幫助你實現創意。

現在，將花束仔細紮好，夾在手臂下面，手上也拿幾朵。你想要的話，也可把花插在頭上。輕柔地捧著花朵……因為這些花朵相當珍貴……這些花朵是你呈現在現實世界的渴望……透過寫作……以故事的形式……以詩歌的形式……

以繪畫的形式⋯⋯以編織或刺繡的形式⋯⋯以善良行爲的形式⋯⋯以任何你創造的形式呈現。因爲你很有創造力，也很有生產力⋯⋯你現在就在創造。

所以回到清醒狀態時，手上要帶著花朵。你可以永久保存這些花朵⋯⋯花朵供你使用⋯⋯供你欣賞或是和朋友分享⋯⋯或是跟全人類分享。這些花朵的用途可以帶給你最大好處，並帶給全人類最大好處。

只要你想，隨時都可以回到花園，只要從5倒數到1，並且想像「THETA」，你就可以回來。你現在寫入程式，設定你可以隨時回來。只要從5倒數到1，在心裡想像，並對自己說「THETA」即可。日常對話中，THETA這個字沒有特別的意義，只有當你想回到「THETA」狀態，這個字才會有特別的作用。你越常回到「THETA」狀態，就會越快回去。你多回去「THETA」狀態一次，就會變得越來越容易。

好，現在慢慢回到「清醒」狀態。數到5，你就會清醒，

並感到安詳、神清氣爽。1……靈感和創造力源源不絕……

2……感到神清氣爽……3……感到快樂……4………5你現

在完全清醒。

第 4 課

潛意識的法則

期待，就是預言的自我實現

就像算數時，你必須遵守數學的法則，才能得到正確解答。儘管有時候沒有遵守法則，還是可以得到正解，不過這種事並不常發生。潛意識的運作，也是一樣的道理。

我很想說，如果你遵守本課潛意識的法則，你一定成功，但卻沒有人敢這樣保證。不過我敢說，不遵守潛意識的法則，和遵守法則相比，前者比較不可能成功。有些法則很簡短，解釋起來也很簡單。我不會為了增添這些法則的重要性，而加長解釋篇幅。

重複、重複、重複

讓潛意識接受的程式，需要加以培養。在潛意識中寫入程式時，需要重複此一狀態，直到被潛意識完全接受為止。程式被接受後，會週期性循環，確保此程式運作無礙。

情緒

植入建議時，加入情緒會更有效。在潛意識中情緒就是力量。在潛意識中寫入程式時，你必須使用情緒以獲得成功。

現在式

顯意識活在我們所知的時間，就是過去、現在和未來，而潛意識只活在現在。在潛意識中，過去只是現在的往事，未來則是

現在的預測。

　　下面的例子，將解釋使用現在式的重要性。對於潛意識來說，「我將會快樂」是表示你現在不快樂；但是你未來會快樂。首先，未來從未到來。所以不要要求潛意識在未來替你做事。首先，對潛意識來說，未來就像是夸父逐日一樣，永遠都追不到。再來，「不快樂」會成為你交代潛意識現在達成的目標。然後，你的潛意識就會以讓你不快樂為己任。

　　正確的用語，是使用現在式：「我很快樂。」但是你可能會說，你的寵物貓或寵物狗剛剛死去、你考試砸鍋，或是你被國稅局約談的時候，你並不快樂！好好，但是你想要走出陰霾對不對？那你就要想：「我現在很快樂。」「現在覺得快樂」就是你交辦給你潛意識完成的任務。神經遞質雙向運作：從心智傳送資訊到身體，也從身體傳送資訊到心智。當你的潛意識接受「要快樂」的指令後，此訊息就會傳遍全身所有細胞，讓你的身體以快樂的表現回應。

一次只採用一個概念

　　潛意識一次只接受一個指令。一個以上的概念（想法、習慣、程式）可以同時並存潛意識中，不過只有一個會被執行。

因此，當潛意識認定某一個概念，這個概念就會顯現在你的行為中。

除非有更強勢的新概念崛起，打敗舊勢力，潛意識才會放棄原有採用的概念。重點是概念無法被抹滅，因其已經嵌在你的潛意識中，而你的潛意識不會忘記。而負面概念必須被更強大、更積極的概念擊敗。好消息是潛意識不會追究概念的來源，所以只要用積極的概念取代即可。

想像你是一個大天平，兩隻手分別向旁邊展開，並與地面平行，另外，兩隻手上各放一個秤盤。想像你是個「搖晃的」天平。只要將東西放在天平的一端，天平就會倒向那一邊。此天平衡量的是，你對某事採用的概念。你的右手拿著秤盤，上面放著負面的想法，左手手上的秤盤，則是裝著跟自己有關的，正面積極的概念。天平會導向優勢概念那一端。

假設你在正常健康的家庭環境下長大，父母給你很多愛和照顧，你培養的自我形象，就是沈穩和自信。所以，左邊的正面概念當道，天平會往左傾。你長大後會表現出自信。

相反地，假設約翰從小在不正常的家庭環境下長大，往往被負面想法轟炸：「你不好。」、「你以後一定一事無成。」、「你是

壞孩子。」、「你怎麼做都不對。」、「你永遠學不會。」他20年來都活在這種家庭環境下，常常（重複）聽到這些負面的評價，而父母常常帶著憤怒或諷刺（情緒）責罵他。

幾年過後，約翰（在他的顯意識）知道他很聰明、受過良好教育，也長得俊俏，但是不知為何，他（潛意識）總是自我形象低落。當顯意識和潛意識衝突時，潛意識總是占上風。

為了將低落的自我形象扭轉為自信，約翰不需要了解他從哪裡得到低落的自我形象，只需要用沈穩和自信，擊敗低落的自我形象的概念即可。他必須給予自己積極、健康、建立自尊的確認。他必須在天平的左邊增加重量，直到天平不平衡，並且，嘿嘿！讓潛意識接受積極的概念。現在自信心這個概念當道，並影響約翰的行為。

約翰之前暴露於負面評價之下。他要如何在短時間內擊敗掌權多年的負面特性呢？他可以本書之後介紹的課程，透過在alpha狀態寫入積極程式，加速取代過程。

葛雷瑟（William Glasser）醫生在其著作《沒有失敗的學校》（*Schools Without Failure*），建議將此概念納入學校體系。葛雷瑟醫生建議強調積極正面的回應，並減少負面的回應；老師不要責

罵學生，也不要有不及格制度，因為如此學生畢業時，會有較佳的自我形象，也會學習地更快、更輕鬆，也更開心。葛雷瑟的想法有很多優點，不過並未獲學校系統採納。

「期望」是什麼

你在之前的課程，已經了解潛意識是目標導向的電腦。你給潛意識什麼目標，潛意識都會使命必達。真心誠意的期望，就是你下達給潛意識的目標。因此，潛意識的法則是：當潛意識期待某事，某事就會成真。以下有好幾個例子：

- 志願者接受結核菌素的注射，結核菌素裝在紅色的針筒中，注射在右臂後，會產生紅腫的現象。因此，每次注射完，右臂都會一如預期地紅腫。同時，左臂也接受生理食鹽水的注射，針筒則呈現綠色，左臂也一如預期沒有出現任何狀況。經過三個月的注射後，結核菌液和生理食鹽水在志願者不知情的狀況下交換針筒：結核菌液裝在綠色針筒，而生理食鹽水裝在紅色針筒。志願者接受注射後，右臂依舊一如預期地出現紅腫，左臂卻沒有任何反應。上述實驗結果和醫學理論相反，人體其實按照潛意識的預期

反應。

- 社會學家研究特洛布雷昂群島（Trobriand Islands）的文化發現，島民可以接受婚前性行為，卻不能接受婚前懷孕。土著並未避孕，但是他們的婚前性行為卻未造成懷孕。上述根深蒂固的文化制約了土著，因此他們完全不期待婚前懷孕。

- 你可能聽說過不孕的夫妻領養小孩後，太太很快就懷孕。有人認為，這是因為，領養小孩解除了她不能擁有自己孩子的想法。

在此再度強調：期待就是預言自我實現。

現在我們再來看一個潛意識法則被紀錄有案的現象：安慰丸。

安慰丸

「安慰丸」的意思是「我一定會開心」。製藥業者在測試新藥時，一定納入了「安慰丸效用」。安慰丸看起來和一般受試的藥丸沒有兩樣，但是卻沒有任何療效。不過，所有相關的研究，都指向了同一種結果：至少30％的病患使用安慰丸後，療效和使用真藥的病人一樣。除了病人相信安慰丸具有療效，是能解釋安慰丸

效果的唯一理由。

當病人不知道醫生給他們服藥，安慰丸效果便煙消雲散。病人不知道，就沒有期待。本實驗的目的，是證明安慰丸效果是出於期待，而非其他理由。

史坦巴哈（Sternbach）醫生，在1964年將沒有療效的藥丸，給了其中一組志願者服用。初次給藥的時候，醫生告訴他們，藥丸會讓他們胃痛。第二次則告訴志願者，藥丸會減輕胃部活動，讓他們感到飽足。第三次告訴志願者，藥丸是安慰丸，可以進行調節作用。雖然史坦巴哈醫生每次都給一樣的藥丸，但是三分之二的受試者的胃部活動，竟然呈現史坦巴哈醫生的囑咐。這表示，受試者胃部反應，是根據受試者的期待反應。

很多研究也已經證明，病人的信念可以改變醫藥的療效。大藥丸的療效優於小藥丸。彩色藥丸的療效也優於白色藥丸。苦藥丸的療效優於沒味道的藥丸。注射也比吞藥來得有效。醫生的囑咐比護士的叮嚀有效。穿白袍的醫生，比穿便服的醫生的話更有效。病人對醫藥的相信，也來自醫生給藥的過程。班森（Benson）醫生在作品《永恆之藥》（*Timeless Medicine*）表示，安慰丸的療

效，是真藥的九成，而醫生開立真藥的方式，也會影響到真藥的療效。

例如：醫生測試胃潰瘍的新藥時，發現如果告訴病患，這是「強而有力」的新藥，會帶來700％的成功率，但是如果醫生只告訴病患，這是「實驗階段」的新藥，成功率只有30％。

最近的研究也顯示，醫病關係會帶來推波助瀾之效。如果醫生將病人看成積極參與的合作夥伴，安慰丸的效果，會比病人對醫生聽命行事的關係，還要來得更強。

安慰丸效果甚至在手術也有效。摩斯利（Bruce Moseley）醫生，宣稱對五名病患施行關節鏡手術（對小傷口進行的手術）。不過這五名患者實際上進行假的手術，醫生的確切開傷口，但是並未進行實際的手術。兩年後，患者認為手術順利，手術後代來的好處，和疼痛減輕的程度，與實際接受手術的病患相同。其中四名安樂完效果的受試者，甚至還對朋友推薦此手術。

在1957年發表的萊特（Wright）案例，更證明了安慰丸效果的妙用。萊特先生患了癌症，他的醫生克羅弗（Bruno Klopfer）宣布他只剩下幾天壽命。不過，萊特發現有種抗癌新藥叫Krebiozen可以治療癌症，因此哀求克羅弗醫生為他注射Krebiozen。雖然克羅弗醫生覺得萊特先生已經回天乏術，但是出

於憐憫，他還是在週五為萊特注射了Krebiozen。

當克羅弗醫生禮拜一回到醫院時，他猜想病人可能已經魂歸西天。孰料萊特先生還在世。更令克羅弗醫生驚訝的是，萊特竟然還活蹦亂跳。而克羅弗醫生發現，萊特的腫瘤，就像「融化在熱鍋上的奶油」一樣。萊特先生出院回家，並過著正常的生活，直到他發現Krebiozen沒有用。因此萊特先生再度入院，並奄奄一息。

克羅弗醫生知道，是安慰丸效用治好了萊特先生。所以他告訴萊特先生，新聞報導的Krebiozen是舊藥，克羅弗醫生又為萊特先生打一針，並告訴他這是新的Krebiozen。結果萊特先生的腫瘤，再度像融化在熱鍋上的奶油。之後又有一篇報導指出Krebiozen真的沒用，這次萊特先生三度入院，並在數日後過世。

在此我要引用庫辛斯的話，結束對安慰丸效應的討論。庫辛斯寫過好幾本書，並在大學研究所授課，主題是他自己如何從絕症中痊癒：他利用笑聲刺激自己的免疫系統（人體的自癒系統）。

庫辛斯說：「長久以來，醫學已經發現了人體的基本系統，如循環系統、消化系統、內分泌系統、自主神經系統、副交感神經神經系統，以及免疫系統。但是還有兩種系統對人體運作至關重

要，也需要多加強調，即『治療系統』和『相信系統』，這兩個系統相輔相成。治療系統讓人體動員所有資源對抗疾病，而相信系統則往往扮演了啟動治療系統的角色。」

反效果

你睡不著，你越想睡，卻越睡不著。

或是你快要贏得高爾夫比賽，首度勝利在望。只要再一桿，你就取得勝利。你告訴自己，不要去想你前面的水，但是你越努力不去想，就越想到水。結果你表現失利，將球揮入了水中。

還有其他關於反效果法則的例子。此法很微妙，但也很重要。我會用兩種稍微不一樣的方式切入。

首先，逾一個世紀以前，庫威（Emile Coue）寫道：「當意志（顯意識）和想像（潛意識）起衝突時，想像（潛意識）總是獲勝。」例如，某人走向你時，你試圖想起她的名字，你明明知道此人的名字，卻怎麼樣就是想不起來。你想要把這位女士的名字，介紹給和你在一起的朋友認識。你擔心自己會非常丟臉，因為你明明知道這位女士的名字。可是，怎麼樣就是想不起來，讓你覺得很沮喪。你越努力回想她的名字，就越覺得沮喪。擔心（潛意識）丟臉，凌駕了你努力回想此人名字的意志（顯意識）。

不過，當這位女士走向你，並向你道歉自己正在趕時間，無法留下來的時候，你鬆了一口氣，覺得放鬆（你停止催逼自己的意志），這位女士的名字，突然在你的腦海中出現。

庫威用數學算式去解釋他的看法。他說，想像（潛意識）的能力，是意志（顯意識）能力的平方值：

$$潛意識的能力 = 顯意識能力^2$$

因此，你越努力壓迫意志，想像的能力就會越大，並呈現等比級數增加。所以，「記不得」便因此獲勝。你越努力命令顯意識做事，反彈的力量便越大。所以，克服的撇步是，不要為你想要的東西努力，讓一切自然發生。你的顯意識必須放手讓潛意識完成目標，你的顯意識必須保持被動，並且置身事外。

第二個關於反效果的現象是：當你努力命令自己去作某事時，便帶著更多失敗的恐懼。恐懼是強烈的情感。如果失敗的恐懼強過想要努力成功的意念，你的恐懼會獲勝。失敗的恐懼被你的潛意識接受，並且勝過顯意識想要成功的心。

想想下面的心理實驗。想像一塊四吋寬的木板，懸在半空中，離地六吋。你踏上木板，走來走去，很簡單吧。好，現在想像這塊相同的木板在兩棟30層樓高的摩天大樓中。現在再走在木板上！比較困難，對不？這明明是同樣的實驗，同樣的木板，後者卻帶給你莫大的恐懼。「如果我掉下去了，怎麼辦？我會死翹翹！往下看好可怕！每個人走在這麼窄的木板上，都會滑下去。」不管你多努力命令自己走在木板上，你的恐懼還是更強烈。要走在木板上，需要對自己的能力有高度自信，這樣的自信要大到相信自己必能成功在木板上來來去去。

又比如你在大群觀眾面前打高爾夫球，你想要來個漂亮的發球，但是你擔心發球失利。你越努力命令自己放輕鬆，並擊出250碼，可以一路打到球道，你就變得越緊張，導致發球失利。老虎伍茲（Tiger Woods）對自己非常有自信，所以他不會想到恐懼，而是放輕鬆，成功揮桿，並且先馳得點。

你要和反效果法則對抗，必須要有信心，以驅散恐懼，另外你必須期待自己會成功。至少你要有中性的態度。你也必須抵抗使用顯意識的欲望。

在一家心理開發教育商席瓦國際公司（Silva International）的

進階課程上，我曾經目睹了關於探測棒的心理實驗。我回家後告訴太太，她要我在她面前重複這項實驗。我當時還沈浸在課堂上帶來的興奮感，所以我很有自信地認為，如果老師做得到，我也做得到。

首先，我離開房間，讓太太把車鑰匙藏起來。當我回到房間時，我使用探測棒，並朝棒子指引的方向走去。當我經過一桶日本柿子時，探測棒突然交叉，我把柿子移開，發現了我的鑰匙。哇！我們兩人都驚嘆不已。

然後我請太太想像房間某處有一道牆，我開始繞著房間走，經過某處時，探測棒又在她想像有牆的地方交叉了。哇哇哇！

到了下次我上課的時候，我覺得我也可以進行相同的表演。但之後我想：「如果我失敗了，不但丟臉，班上同學也會對我沒信心。」所以，你可以推斷，下次我如法炮製探測棒實驗時，我果然失敗了。對失敗的恐懼 —— 擔心讓學生失去信心的恐懼（這對本課程相當重要），擊敗了我的意志，讓我無法進行成功的表演。

表現的法則

表現的法則，是指每個意念都會影響身體的反應。

- 把眼睛閉上，並想像一個多汁的檸檬。你的雙唇嘬起，並開始分泌唾液。

- 把眼睛閉上，並想像某人用指甲刮黑板，這個聲音讓你背脊發冷。

- 看書或看電影的時候，是否因為悲慘的愛情故事而哽咽呢？

這些反應都是表現的法則的例子。心靈和身體是合一的，因此兩者互相影響。

知名心理學家詹姆士曾表示：「其實沒有什麼意識，因為感覺、情感、或意念，並不是直接親自影響某些活動。這些活動不一定是透過外在的衝擊，可能只是脈搏（心跳）改變，例如滿臉通紅或滿臉蒼白等等。但不論如何，當有意識的時候，並以信念為基礎，上述現象便會以某種形式存在。就像當代心理學中，最後獲得了信念的概念，即意識處理任何資訊時，必須要經過開放或隱藏的活動。」

每個想法都會造成生理反應。如果刺激可以經過顯意識，到達潛意識，並被潛意識接受。這樣的意念或想法，必須透過語言

或動作表現。如果某意念或想法，一再地被重複，此想法就會表現在生理上，例如：

憂慮＝胃潰瘍

憤怒＝釋放腎上腺素，血液循環、精神、脈搏或呼吸都改變

恐懼＝神經質、胃不舒服

食物＝飢餓

一百多年前，有位醫生在一名胃部受到槍傷的男子進行實驗。這名外科醫生讓這名男子住在家裡，給他一個房間，交換條件是這名男子可以讓胃部的開口保留一段時間，讓外科醫生進行研究。透過一窺胃部的奧秘，外科醫生發現，所有心情都會影響這名男子的消化作用。

哈佛大學的加農（W. B. Cannon）博士發現，常常培養情愛，會讓眼睛發亮、並可改善血液循環、消化系統、排泄系統。但是恐懼、嫉妒、和仇恨卻會帶來反效果。這些負面想法也會減少紅血球的製造。

第3課提到的器官語言，就是重複的意念，外顯於器官上的例子。但柏（H. F. Dunbar）博士在其作《情緒和生理改變》

（*Emotion and Body Change*）中指出，「長時間沈浸在某情緒中，會造成器官組織改變，系統也會受到影響。」

在尚未得到科學證實以前，貝利（Bailey）在30多年前的著作中，已提出了下面優美的描述：「人類用整個身體思考，每個細胞都有零星的思考能力。人類不只是擁有大腦的身體，而是身體影響大腦運作，身體由大腦塑造而成，大腦想什麼，身體也想什麼，身體想什麼，就變成什麼。」

貝利用一個例子解釋，他有個病患不喜歡自己的岳家，但是他太太堅持每週日都要去娘家串門子，病人壓下了他的嫌惡，因此得到了關節炎，這便讓他有藉口留在家裡。

今天有很多科普書，提到了心智和身體之間的連結，這些知名作者，包括波利森科（Borysenko）、佩特（Pert）、多西（Dossey）、喬普拉（Chopra）、帕勒提亞（Pelletier）。其中，佩特博士夫婦和多西在其著作都曾提到，我們的細胞會和潛意識對話。

古諺有云：「不快樂的時候，表現出快樂的樣子，你就會變得快樂。」嗯嗯，醫學已經為這句話提供了證明。醫學已經發現：大

腦使用的細胞，可見於器官各處。如果你覺得自己不快樂，就會表現出不快樂的行為。皺眉會讓你悶悶不樂。但如果你難過時依舊表現出快樂的樣子，神經遞質就會將身體細胞傳回大腦，讓你的心情，改變成快樂的狀態。

表現的能量

來看一個過去的例子。有位石器時代的穴居人在一夜好眠後醒來。（他儲藏能量。）他看到一隻劍齒虎在他的洞穴外面晃來晃去，讓他很擔心自己和家人的安全。（他有強烈的意念），所以他的腎上腺素直衝腦門，身體產生了戰鬥或逃跑反應。他必須捍衛自己的家人，所以他選擇戰鬥。他揮出幾根矛，在一陣短兵相接後，老虎被趕走了。穴居人以直接的行動，表現了自己的意念（跟老虎戰鬥）。當天晚上，他感到安心，並透過一夜好眠，再度得到能量（循環重頭開始）。

直接的能量，是有秩序和健康地釋放自己的生理和心理能量。這樣的行動，和起初產生這樣行動的意念，是協調一致的。心理學家鼓勵人們在生氣的時候，表達自己的憤怒，而非壓抑自己的憤怒，不過不是用猛烈的方式，而是用有建設性的方式。

例如，你可以講出來，寫下來，或是去外面跑一跑。壓抑憤

怒並不健康,當你沒有表達憤怒時,某種程度來說,你的情緒能量,便遭到了壓制。

自然能量循環

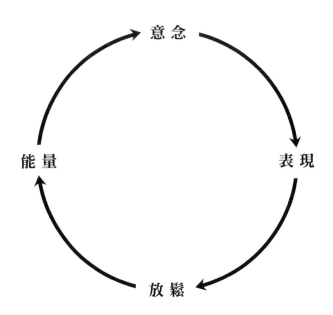

❶ 你的身體儲藏**能量**。

❷ 顯意識得到強烈的**意念**。

❸ 你**表現**此意念。

❹ 身體**放鬆**,恢復能量。

受壓制的能量

你在高速公路上奔馳，要去參加一個重要的面試，但卻遇到大塞車，讓高速公路上成為了大型停車場。你現在不是住在洞穴裡，但是你的身體反應，和穴居人祖先，其實沒有兩樣。

當你遇到這種緊急狀況，或是懸而未決的情形時，你的「戰鬥或逃跑機制」啟動，腎上腺素升高、心跳加速、消化停止等等。但是，你卻只能坐在車上等，想著你快遲到，讓你感到越來越火大。這時，你腦中想著，自己將失去這份夢幻工作。（記住：潛意識分不清事實和想像）。

這股能量可以透過尖叫表現，你附近的駕駛，可能會覺得你瘋了。如果你不能在你的戰鬥或逃跑機制啟動時，表現這股能量（或是至少在有機會時，趕快表現），那麼你回家時，可以去散散步，打打沙包，或是清理房子。你這樣做，就（幾乎）不會對你的身體造成傷害。你已經釋放過能量了，所以可以一夜好眠。

受壓抑的能量

當某件事情啟動了你的戰鬥或逃跑機制，而此事一再發生，導致你無法傾瀉這股能量，這時能量就受到壓抑。每個意念或想法都帶來生理反應，所以，受壓抑的能量便透過內在的活動表

現，例如緊張或焦慮。緊張和焦慮讓內部的肌肉無法放鬆，阻礙免疫系統，讓人無法安睡到天明。所以，自然能量循環如果被破壞，讓人安寧和恢復能量的睡眠品質，就會遭到損害。

長期壓力

人體會為壓抑的能量尋找生理的出口，例如坐立不安、咬指甲、敲手指、嚼口香糖等。如果持續下去，出口會變成潰瘍、高血壓、頭痛，或更糟的狀況。

名導演伍迪‧艾倫（Woody Allen）用另一種方式表達了此一法則：「我有一個問題，是我會悶著一切，我無法表達憤怒；所以就長了個腫瘤出來。」

西樂義（Hans Selye）博士是蒙特婁大學的實驗醫學和外科研究中心的教授和主任。他是第一個提出人體會遭受「壓力」的學者。西樂義教授在30年的研究生涯中，發表了1千6百篇報告，撰寫了33本書，其中一本，是寫給非專業人士閱讀的《生活的壓力》（The Stress of Life）。

西樂義博士證明，壓力耗損身體，直到讓身體出狀況為止。在他的經典實驗中，動物身上纏著電線，並接受輕微的電擊。他不定時施行電擊，所以動物不知道什麼時候會被電到。雖然電擊

力道不強，不會對身體造成傷害，但是不知道什麼時候會被電，造成了動物的焦慮，因此帶來壓力。這樣的情況持續一段夠長的時間後，壓力傷害了動物的免疫系統，讓牠們變得很容易生病。

人類社會也常常發生一種必然的現象。當配偶過世，另一半如果傷心太久，免疫系統就會出問題，導致還活著的另一半染病，並往往因此過世。

其他的例子則可見於本書第3課，包括有一位女士，長期討厭自己的姊姊，最後得到乳癌，這個例子指出，為什麼寬恕這麼重要。你要寬恕，不只是為了犯錯者著想，也是要為你自己著想。憎惡感會破壞自然的循環，並傷害你的免疫系統。

麥當勞（McDonald）博士是一位驗屍官，他曾在大約30年前刊登在《洛杉磯時報》的一篇文章中提到，他在尋找死者的癌細胞時，發現受到癌細胞侵襲並康復的部位無處不在。這表示，人體各處都存在癌細胞，當免疫系統健康強壯，並可維持身體運作時，免疫系統可以阻止癌細胞坐大。大部分的情況下，癌細胞只有在免疫系統功能受損時，才會有機可乘，伺機長大。

哈利葉（James Harriot）是英國約克夏的獸醫，他著作中的故

事，則是慢性痛苦和壓力的絕佳寫照。PBS電視台曾經根據他的作品，製作了「芝麻大小事」這個節目，並播放了兩年之久。

　　哈利葉曾去拜訪一個小氣農夫。他注意到有一隻母羊非常痛苦。稍微檢查後，發現這隻母羊的子宮受到感染。農夫不想花錢治療這隻母羊，因為他認為反正此羊一定會死掉。哈利葉想幫助這隻可憐的動物，所以，他表示願意免費給這隻羊一些維他命。但哈利葉其實給的不是維他命，而是給一些鎮靜劑之類的藥物，讓這隻羊兒安樂死，好讓她從痛苦中解脫。幾週後，哈利葉在鎮上的酒吧遇到農夫，農夫跟哈利葉說：「這些維他命真的很有用，羊兒睡了三天，醒後便不藥而癒了。」

　　哈利葉努力回顧治療過程，得出了下面的結論：所有動物，包括人類，都有自癒能力。這隻可憐的母羊非常痛苦，擔心讓她的免疫系統和自癒能力失去作用，因此任由感染蔓延。哈利葉注射的鎮靜劑，讓她睡了三天。在睡夢中，她感覺不到痛苦和憂慮。在沒有痛苦和憂慮的情況下，她的免疫系統發揮功效，讓她自然痊癒。長期壓力和焦慮，會傷害每個人的免疫系統。

　　這就是為什麼深度放鬆和睡眠這麼重要。這讓身體得以重新恢復精神。不過，花八小時睡覺不代表你擁有優質的睡眠。有些

人睡足了八小時，起床時還是精神萎靡，疲累不已。這些人沒有得到深度、安寧的睡眠。他們沒有放鬆體內的肌肉，這些體內的肌肉，會透過潛意識放鬆。擁有深度睡眠的人，和那些沒有完全放鬆的人相比，需要較少的睡眠時間。

對壓力的反應

西樂義博士發現，每個人對壓力刺激的反應（戰鬥或逃跑回應，或是他口中的「一般性適應綜合症」）都一樣。但重點是，每個人對特定壓力刺激的反應，卻不盡相同。

假如約翰和愛麗絲擁有類似的工作，同一個老闆。此老闆自負、易怒、沒有人情味，要求又很多。約翰受不了老闆，每次跟老闆接觸後，都覺得很不爽。另外，每次想到他的工作，也讓約翰很不爽。所以約翰在這裡工作一年後，得到了胃潰瘍和高血壓。

愛麗絲則反應不同。她分析情況後，認為她的老闆的表現，是出於恐懼。老闆也擔心自己丟了飯碗。他也有家庭問題，可能擔心失去自己的太太，或是得付贍養費。當愛麗絲了解情況後，知道問題不是出在自己身上，因此就不會把老闆的謾罵看得很嚴重，所以她還是一個開心、有生產力，並且身體健康的員工。

所以，總結前面的內容，就是在潛意識中，沒有想法會被隱藏。所有想法都會具體化，並以直接或間接的方式表現。

解除壓力的步驟

❶使用反效果法則。進入alpha狀態，並重複：「不管什麼造成壓力，現在都讓我放鬆。」

❷進入alpha狀態，並想像放鬆的景象。

❸使用心智覆蓋方式

    a. 在一張紙上寫下造成壓力的原因。

    b. 閉上眼睛，進入alpha狀態。想像快樂、美妙、寧靜和滿足的時光。將這幅景象移到心智螢幕，並維持30秒。

    c. 張開眼睛，並且朗讀你在紙上寫下的內容。

    d. 重複步驟b和c兩遍。現在，以前讓你煩惱的事情再度捲土重來，你將注入正面的感覺。

❹進入alpha狀態。如果你有過不好的經驗，以正面的方式繼續延續此經驗。如果你曾經得罪別人，說了不該說的話，進入這個情景，並重複幾次對的話。記得你的潛意識分不清楚真實和想像。這個練習會帶來正面，而非負面的經驗。

◎註：你還是應該跟你得罪的人道歉。

◎請注意：務必在一張舒服的椅子上進行上述練習。不要在開車的時候練習。我知道開車時常會想像自己在熱帶島嶼，看著棕櫚樹隨風搖曳，就像進入alpha狀態，就算你很小心，還是無法讓你專心開車。

反抗

　　牛頓第三運動定律指出：「作用力等於反作用力。」所以反抗會帶來反作用力。反抗某件不真實的事情，只會讓你處於守勢。下面簡單的例子證明這一點：

　　當某人說你又懶惰，又沒用。你知道你不懶，也很有能力。所以你說「並沒有！」的時候，你就是給不存在的東西，有反抗的機會。你賦予不存在的東西力量，並讓自己處於守勢。現在你得舉證自己並不懶、也有能力，你現在得努力跟很難證明的東西對抗。

　　另一方面來說，當你用簡單的真理回答，例如：「沒錯，你認為我又懶又沒用，你的確有權利這麼說，但請告訴我，為什麼你這樣想？」現在舉證的責任落在另一方啦。你解除了大吵一架的危機，因為，另一方怎麼可能對這種答案發飆，或是持續處於憤怒狀態呢？

　　所以把你的精力放在你贊成，並相信的地方。不要將精力投注在負面的事情。我沒有學過武術，但是我相信其中一項真理，就是不要試圖反抗。武學宗師不會正面反抗敵人，而是透過借力使力的方式，取得優勢。

據說，德蕾莎修女曾受邀參加反戰遊行。她的回答是：「我不會參加反戰遊行，但是如果有促進和平遊行，我就會參加。」《聖經》上也說：「不可被惡所勝，反要以善勝惡。」

放鬆，但不是睡著

雅各森（Edmund Jacobson）博士曾在1938年引進緊繃和放鬆的概念。輪流拉緊每組肌肉到最大幅度，然後再放鬆，這樣做的目的是感覺深度緊繃和放鬆的差異，並教導你的肌肉，你想要怎麼樣完全放鬆。

這項程序的另一項改變，是會用到「睡眠」這個字眼。睡眠其實不是正確的說法，但是中文找不到其他更適當的字眼。

在這裡，接受催眠者失去意識，但不是睡著了（並不是進入狀態）。你可以在進入alpha狀態的同時，將顯意識拋到九霄雲外。你的潛意識會更樂意接受你植入的建議，因為沒有顯意識從中作梗。另外，這道程序還會加上一句話，以防萬一：「如果有任何緊急狀況發生，我會馬上完全清醒。」不過其實這句話有點多此一舉，因為如果你聞到煙味，或是聽到小孩在哭泣等等，你的潛意識會馬上讓你轉醒。加上這句話的目的，是為了要帶走顯意識的疑慮。

緊繃／放鬆制約練習

你可能要伸展你的肩膀，促進頭部血液循環，讓肌肉放鬆。

抬頭20度，並盯著某一點看。你的眼皮漸漸沈重，一開始還在眨眼，之後將眼睛閉上。你的眼睛現在閉上了。

緩慢地深呼吸。當你吐氣時，感受緊繃開始飄走，讓你放鬆下來。第二次緩慢地深呼吸，呼氣的時候，感受緊繃隨著吐氣，一同隨風而逝。放鬆，第三次緩慢地深呼吸，吐氣。想像壓力離開你的肌肉，看著壓力離開肌肉。看著壓力漸漸消失，讓自己完全放鬆。

現在，盡可能拉緊你的腳趾肌肉，盡可能彎曲腳趾肌肉，保持腳趾緊繃的感覺。1……2……3。現在，放鬆腳趾。完全放鬆，並感受到兩者差異。

現在，拉緊你的腳趾、足部，和小腿下半部的肌肉。讓

這部分的肌肉，非常、非常緊繃，但是讓身體其他部位保持放鬆。保持緊繃的感覺。1……2……3。現在放鬆。享受從緊繃到放鬆的舒適感。

現在，拉緊你小腿上半部的肌肉，和腳趾、足部，和小腿下半部的肌肉。讓這些部分的肌肉，盡可能的緊繃，再拉緊一些。感覺你身體和心智的緊繃。1……2……3。現在放鬆。感受到你的肌肉伸展，並放鬆。放鬆、伸展、放鬆。現在，告訴你的肌肉群，你更加放鬆。感受到你的肌肉越來越沈重。

現在，拉緊你的臀部肌肉，保持這股緊繃，1……2……3。現在放鬆，感到越來越沈重，感到深度放鬆的快樂。感到喜樂浪潮朝你而來。

現在，拉緊後背和腹部的肌肉，注意到讓你的身體緊繃的感覺，讓那些肌肉群更加緊繃，1……2……3，放鬆、伸展、放開、放鬆。

現在，將存留在肌肉的壓力，全部排出，離開你的身體。讓你的身體肌肉更加放鬆。特別體會這種放鬆的感覺。

現在，拉緊你雙手的肌肉，隆起肩膀，拉緊胸部和背部的肩膀。讓這些肌肉群更加緊繃。仔細體驗這樣的緊繃感，

1⋯⋯2⋯⋯3，放鬆。吐氣，並感受到你胸部和背部的肌肉放鬆。感受到這些肌肉群放鬆、伸展、放開、放鬆。感受到所有的緊張和緊繃皆消失無蹤。讓這些肌肉群更加放鬆，再度感受放鬆的美妙感覺。

現在，拉緊手臂肌肉，並緊握雙拳。盡可能緊繃面部肌肉。拉緊下顎、咬緊牙關、收縮頭部，並瞇起眼睛。保持這樣的姿勢，1⋯⋯2⋯⋯3，然後放鬆。舒展你的額頭、放鬆頭部、放鬆眼睛、放鬆嘴部、舌頭，和喉嚨。將所有的壓力和緊張移開。放鬆面部肌肉，並仔細感到兩者差異。

現在，拉緊全身所有肌肉，從腳趾開始，延伸到雙腿、腹部和背部、胸部和肩膀、雙手和拳頭、頸部和面部。盡可能地拉緊，讓全身所有肌肉皆緊繃。保持緊繃的姿勢，1⋯⋯2⋯⋯3。現在放鬆、放開、放鬆、伸展、真的放開。感受到放鬆的快樂遍及全身。感受到放鬆帶來的，舒服和快樂的感覺。仔細體會完全放鬆的感覺。

現在，用你心智的眼睛，在心裡從頭到腳，將全身掃過一遍。帶走可能還殘留在你體內的壓力，你的身體現在完全放鬆。

讓放鬆帶來的快樂感覺，再度從頭部流到腳趾，樂在其中，並仔細體會完全放鬆的感覺。放鬆的浪潮，再度自由地從頭流到腳。

　　我說什麼不太重要，只要放開……放開。

　　你現在看到自己在一段樓梯的頂端，階梯間的距離不太陡。每階階梯都寫上了數字。「10」在最高階，階梯上的數字，隨著階梯高度遞減。現在，慢慢地往下走一階，便倒數一次。每數一次，你就變得越來越困倦，也越來越放鬆……越來越深的放鬆。讓你自己在悠遊、漂浮在這股令人快樂的放鬆中。你數到「1」的時候，你進入了深度、自然的睡眠。階梯有扶手，所以你舒服又安全。現在，下到第「9」階，你覺得越來越沈重，也越來越困倦。下到第「8」階時，你覺得更加放鬆。現在是第「7」和第「6」階，你感到越來越困倦。現在到達第「5」階，你感受到越來越深度的睡眠。你發現四周越來越黑，你也越感到越來越沈重……喔喔……真的很沈重。你雙腳遲鈍……非常沈重。「4」越來越深……也越來越黑。你覺得放鬆、舒服，也感到完全安全。往下至第「3」階，你

覺得很安寧、鎮定。你飄進了完全的放鬆……完全的安寧。「2」……心智和身體都得到安寧……你的心智和身體，爲了你的最大幸福，而攜手共同努力。「1」深度睡眠……深度睡眠。你的心智飄進了美麗、安靜的景象。享受完全輕鬆的感覺。你的心智接受建議……只接受健康、正面的建議，對你有最大好處，對權人類有最大好處的建議。

　　每次你練習放鬆，都會越來越容易，也會越來越快。每多練習一次，就變得越容易。每放鬆一次，你就能夠越來越深入。

　　每次你想進入這樣深度的睡眠狀態，只要在想到「放鬆」二字，思想並想像「放鬆」二字，會讓你很快重新進入這樣的狀態。每次你聽到讓你進入深度催眠的「放鬆」二字，你就會輕鬆、快速、安全、和安寧地進入這樣的睡眠狀態。你輕鬆、快速，並安全地進入。進入這樣深度的睡眠狀態，讓你可以植入健康的態度，和健康的習慣，這些寫入潛意識的意見，會對你帶來好處。這也會讓你的潛意識和顯意識，爲了你的身心健康互相效力。在日常對話中，說出或想到「輕鬆」一詞，並不

會對你造成任何影響。

　　現在，你要回到清醒狀態。你的心智回到正常的清醒狀態。你會數到「10」，並完全清醒。數到「10」的時候，你會相當清醒。你可以隨時回到上述喜樂的狀態。但現在，數到「10」的時候，你便完全清醒。「1」⋯⋯「2」⋯⋯開始清醒⋯⋯「3」⋯⋯讓喜樂和開心伴隨你⋯⋯「4」⋯⋯「5」感到精神一振⋯⋯「6」⋯⋯感覺美妙⋯⋯「7」⋯⋯覺得精神奕奕⋯⋯「8」⋯⋯「9」⋯⋯「10」⋯⋯你現在完全清醒！

第 5 課

和潛意識溝通

怎麼許願，你的精靈才會懂？

第2課曾經提過，顯意識和潛意識的溝通不良，會為人生帶來很多問題。因此，培養顯意識和潛意識間的溝通是很必要的。

這一課將提到五項和潛意識的溝通技巧。第一項技巧尤其重要，所以需要一直練習。第二項技巧也很有用，所以很多人每天都會用到。第三項和第四項技巧也很有用，不過，你不會天天用上。

最後一項技巧可能最重要，心理學家、家庭醫師和其他健康照護職業人士，會使用這項技術，了解病患生理和心理問題的成因，檢測過敏，並決定如維他命、中藥或其他藥品的劑量。

培養顯意識和潛意識的溝通，是讓兩者攜手合作的決定性步驟。如果雙方沒有攜手合作，勝出的是你的潛意識，而不是顯意識，但你的精靈其實不應當家作主。

內部對話

我們常常跟自己的心智對話。其實呢，要讓心智安靜下來並不容易，這些對話往往是一些閒聊。顯意識是在跟誰講話呢？是自言自語還是跟潛意識呢？都有可能，但是我認為，99％的情況下，顯意識是在與顯意識對話，不過都是一些言不及義的事兒。

但是，有時候你需要跟潛意識說話時，主題要明確。假設我

要上課，上課開始，我打開公事包，發現把講稿忘在家裡，在驚慌失措之下，我會告訴自己：「放輕鬆，哈利。放輕鬆，沒關係，你對上課內容很熟悉。放鬆放鬆，並在心裡回想大綱，你可以做得到，這很簡單的。」記得反效果法則嗎？我越用力回想，就越想不起來。

如果我要放輕鬆，並回想課程大綱，我和哈利對話就是浪費青春。因為哈利是我的顯意識，而我的資料庫（記憶）是在潛意識中。另外，要我的顯意識放鬆，也是浪費青春，因為深度放鬆是由潛意識所控制。好好，我應該跟潛意識對話。所以我說：「嘿！杵在那裡的傢伙！潛意識，精靈，去幫我工作。讓我的身體放鬆，叫神經系統把我的講稿大綱帶過來給我，我現在就要！」

用這樣的口氣叫人家做事不太友善喔。你的目的，是要和你的潛意識，就是你的精靈，培養和諧的關係。所以你應該態度友善，表示感激。你要開啟對話，以及合作之門。你和朋友講話時，開口的第一句話是什麼？朋友的名字！當你跟某人關係良好，並一起工作時，你叫他們的名字。所以，如果你要和潛意識培養友善的關係，你要幫潛意識取名字。下面的練習會教你，幫潛意識取名的方式。

你有求於潛意識時，用客氣卻堅定的方式提出請求。（請記住，你潛意識的情緒，沒有你成熟。）用友善的態度對待潛意識。畢竟，你的潛意識也是你的一部分，你們應該為了尋求最大的好處，而彼此攜手合作。當潛意識達成你的要求時，好好謝謝它！為什麼不這樣做呢？當別人幫你忙的時候，你不表示感謝，那下次他可能就不願意再幫你囉。從現在開始，你的潛意識住了一個朋友，你應該以尊敬和愛心對待他，把他當成好朋友，跟他搏感情。

回到忘記帶講稿的困境，我跟潛意識的對話應該是這樣：「喔喔，糟糕，雷夫（這是我的潛意識為自己取的名字），我忘記帶講稿耶。嗯嗯，我們之前已經教過好幾次同樣的課程，我倆對內容都知之甚詳。現在我們都完全放鬆，講課時也完全放鬆。（我用現在式。）我相信你可以以正確的次序，提供我需要的所有內容，我們可以一起解決這件事，而我也真的很感激你的幫忙。真的很謝謝你總是這麼幫我，我愛你。」

爲你的潛意識命名

進入alpha狀態，或在晚上臨睡前，在你的潛意識開放，並願意接受建議的時候，進行這個練習。

對自己說：「潛意識，從現在開始，你和我屬於同一個團隊，爲了彼此的好處攜手合作。保持生理和心理健康，對我們都大有好處。從現在開始，我們是最好的朋友。從現在開始，我們會有更多的溝通，當我跟你講話時，我會叫你的名字，用你喜歡名字叫你。你可以選擇自己的名字，你要叫做_____。」（要幫潛意識設定考慮期限，不然潛意識可能會拖延。）

你也可以把下面的事情列入考慮。首先，這個名字不應引起強烈的情感，例如家人的名字，或是前任配偶的名字。

其次，告訴你的潛意識，他選擇的名字要讓你可以了解。有些潛意識愛開玩笑，你的潛意識可能會尋你開心，在取名

字的時候故弄玄虛，讓你玩猜猜樂。潛意識可能想叫席薇亞（Silvia），所以你可能發現，你看到的東西，都是有顏色的銀（colored silver）。不知怎麼的，你開始注意到銀色的車子，你看鏡子的時候，可能也會想到，鏡子的背面是銀製的。你可能產生擦拭銀器的衝動。不過你大概不了解，這些暗示都是為了要讓你知道，它想叫做席薇亞。

通常，名字會自然在你腦中浮現。一開始的時候，你可能也得不到名字，不過如果你堅持，名字就會出現。潛意識會為自己選一個名字。

如果你對取好的名字有懷疑，可以利用之後提到的方式，透過和潛意識的對話，證實此名是否為潛意識選擇的名字。

單擺循跡

你只要用九吋長（大約23公分）的線綁上小東西，就可以製作一個單擺。擺錘可以是戒指、金屬環或是小水晶。用拇指和食指輕輕拉著單擺沒有擺錘的一端，並將手肘靠在桌上，單擺擺動的方向，就是問題的答案。

你的潛意識可以讓單擺以四種方式搖擺：順時針、逆時針、水平（從東到西，或西到東）、垂直（從上到下，或是從下到上）。

潛意識也會用下面四種方式作答：「是」、「不是」、「我不知道」、「我不想回答這個問題」。如果你問到的是潛藏在潛意識深層的問題，潛意識會用最後一個答案回答你。潛意識將某些事情隱藏起來是為了你好。如果沒有專業人士引導，你不應該探究過深。

單擺的運作和透過筆跡分析人格的道理一樣，也有其可信度。人體體內有開放路徑，可以讓電衝從潛意識傳遞到慣用手的手指。而這個實驗中，你要用慣用手拿著單擺。左撇子宜兩隻手都試，看看哪一隻手比較有效。

使用單擺的方式如下：坐在一張桌子前面，用拇指和食指拿著單擺，重錘的那一端朝下，手肘要頂在桌子上。掛著重錘的線，大約八吋（約20公分）長。手肘要放得夠低，好讓單擺可以自由搖擺。現在，請你的潛意識選擇一個方向，代表「是」的答案，你可以考慮把眼睛閉上，以免顯意識來干擾。另外，使用單擺的時候，最好讓自己處於alpha狀態，因為alpha狀態可以開放潛意識，並壓制顯意識，不讓顯意識干擾。

你張開眼睛以後，如果發現單擺沒有動。堅定地命令你的潛意識選擇一個代表「是」的搖擺方向，並讓單擺擺動的幅度越來越大。我從未看過失敗的情況。

你的潛意識選好「是」的搖擺方向後，要求潛意識選「不是」的搖擺方向。之後，再依樣畫葫蘆，要求潛意識選「我不知道」的搖擺方向。最後一個答案不用選擇。

對它問問題

問潛意識問題時，有幾點要注意。首先，你的潛意識是按照字面的意思解釋問題，所以要用精確的字眼提問。（讓顯意識）保持開放的心態、保持中立，不要預設立場。

在超音波檢查胎兒性別技術還沒發明以前，李恪朗（Lecron）

用單擺請381名懷孕的婦女預測胎兒性別，準確度高達90％。很多預測錯誤的婦女之後坦承，她們的顯意識對未出生的**寶寶**，已經有強烈的偏好，因此使用單擺時，不要強力認為（顯意識）「我希望這是一個小女生」，而是要保持中立，並問：「**寶寶**的性別是什麼？」

有些愛鳥人士使用單擺決定新生雛鳥的性別，因為剛出生的雛鳥，無法看出性別，所以需要借重單擺決定。你也可以試試看。如果是母鳥，讓單擺呈圓圈搖擺；如果是公鳥，讓單擺來回搖擺。單擺可以用在很多地方，例如：

- 驗證預感

- 解夢

- 維他命服用劑量

- 了解過敏原因

- 解釋直覺

- 了解遲到的理由

- 了解致病原因

尋找致病原因時，下面項目也會有幫助：

- 衝突

- 動機

- 建議

- 器官語言

- （想跟某人）認同

- 自我懲罰（罪惡感）

- 過去的經驗

- 需要受到注意

- 控制欲

你也可以問潛意識下列問題：

- 「我跟這人吵架，或是我的顯意識和潛意識有衝突，所以才得病嗎？」

- 「我想要採取某些方式，以保護自己嗎？我有這樣的動機嗎？」

- 「我生病是因為我的潛意識接受了某樣建議，認為該建議是真的嗎？」

- 「（我的問題）是肇因於器官語言嗎？」

- 「我生病是為了特別的目的嗎？」

- 「這是為了阻止我正在做，可是卻不想做的某件事嗎？」

- 「這是為了阻止我做一件對我有傷害的事情嗎？」

在我退休前，每年都會得兩次重感冒，嚴重到我必須留在家休養。不過我八年前退休後，明明感冒的機會大增（因為我常常跟孫子們在一起），卻只病過一次。我對於這樣的改變很好奇，後來想到了一個解釋：我以前覺得放假是個罪，可是我當時明明就需要放假。所以，或許我的潛意識讓我感冒，讓我可以沒有罪惡感地放假。之後我問潛意識，實情是否如此？潛意識回答，「是的。」

使用單擺可以讓你輕鬆和潛意識溝通，不過需要一些創意，因為你只讓潛意識回答「是的」或「不是」。你可以把設計問題的過程當成遊戲一樣。

手指運動

假設你在飯館準備點餐，你想吃奶油豬肉，可是你的腸胃最近不太好，所以你不確定油膩的豬肉餐點下肚，是否會傷害你的腸胃。所以你可以問問潛意識（而不是服務生），自己的腸胃是否

挺得住。你當然可以當場使用單擺，不過想必服務生，更不用說其他客人，一定覺得你瘋了。另外，在眾目睽睽之下，你恐怕也無法得到正確答案。這時候，使用「手指運動」方式，就不用擔心會驚動到他人啦。

先舒服地舉起你的慣用手，放在你前面的桌子上。跟你的潛意識解釋，還有其他方式回應「是的」、「不是」或「我不知道」這些答案。使用拇指以外的手指，命令你的潛意識抬起其中一根手指，表示「是的」，潛意識的回應不會很誇張，而是輕輕舉起。命令你的潛意識選擇另一跟手指，表示「不是」；第三根則表示「我不知道。」

現在你可以在公眾場合，在不被別人發現的情況下，低調地和潛意識對話。

「孵夢」

你的潛意識全年無休，一天工作24小時。夜間潛意識仍醒著，並同時進行數兆項工作。你也可以分配潛意識工作，讓其為你解決問題，或是幫你產生新想法。不過在這裡，要解決的問題不是個人的麻煩，因為你睡眠的時候，不應該憂慮。我是指一些有建設性的問題，像是：

如何裝飾客廳，

如何設計前庭景觀，

（如果你是學生）如何找到更多時間唸書，

（如果你是建築師）如何為客戶設計完美的房子，

（如果你是作家）如何發展你新書的主線，

如何讓更多人加入你的新社團，……等等。

德國化學家柯庫爾（Friedrich A. Kekule）苦思某問題已經數年，（他的顯意識）卻一直不得其解。他想不出來的問題，是想了解碳原子如何構成苯分子。他怎麼想就是無法自圓其說。有一天睡覺時，顯意識被拋在一邊，讓柯庫爾夢到蛇，這些蛇的動作很奇怪，咬住自己的尾巴，變成環狀。柯庫爾醒來後，想起了此夢，便靈光乍現，因為他從未想過這個可能性。所以他就將碳素鏈的末端相連成環，因而發明了苯的構造，並因此榮獲諾貝爾獎。

音樂家艾倫（Steve Allen）則是夢到了暢銷歌曲。當時他的音樂劇《單身漢》（Bachelor）需要一首開場曲，通常他是交不到這樣的好運，可以想出好作品。不過，記得嗎？潛意識是目標導向的電腦，所以艾倫給潛意識的目標，是想出一首旋律特殊的熱

門單曲。他的顯意識可能受到壓力阻礙，想不出東西。有一天晚上他夢到他需要的歌，隔天他醒來後，寫下了歌曲。這首歌就是《鴻運當頭》（This Could BeThe Start of Something Big）。

發明家赫爾（Elias Howe）一直在設法將縫紉機改良地更臻完美，卻一直無法解決一個棘手的問題。有一天晚上，他夢到一群野人在追捕他，並把他帶到國王那裡。國王命令赫爾在24小時內做好一架縫紉機，否則就要以死謝罪。赫爾無法達成目標，因此野人要殺死他，臨刑前赫爾看到野人的矛尖，有個像眼睛一樣的小洞。這就是他長久以來正在尋找的改良方式：在靠近針尖端的地方開一個小孔，這和針一向在鈍部開孔的設計不一樣。

在1700年代，彈藥製造的過程，又慢又貴，因此供應有限（這或許是好事）。瓦特（James Watt）想要透過顯意識改良砲彈的生產過程，不過卻苦無良策。然後，有一天他做了一個夢：夢裡他走在雨中，雨滴落地時沒有散開，而是保持圓球狀。啊哈！他醒來後想出「鉛雨」的概念，落下時和夢裡的雨滴一樣，依舊保持圓球狀。他設計出製造鉛雨的方式：從一棟高聳的建築物，透過濾網傾瀉鉛雨，鉛雨在空中凝固，落地後變成大小相同的圓

形彈藥。製造彈藥的方式，在一夜之間，從費時昂貴，變得快速便宜。

1996年1月及2月號的《直覺》（*Intuition*）雜誌刊登了一篇文章，主題是訪問「從夢境中取得素材的科幻作家」。該文記者也是從夢境得到這個採訪主題。

其中一位受訪的作者是知名科幻作家葛拉芙頓（Sue Grafton）。她說：「從過去多本作品的撰寫過程讓我發現，遇到想不出來的問題（顯意識）時，我會在睡前告訴自己，一定會找到解決方式……我醒來以後，問題就會得到解決。我知道，當分析的我鬆開箝制，並不再擋路時，有創意的我，常常就會在夢裡出現，用妙想天開和好笑的態度，幫我許多需要創意的問題。」

「當我卡住、覺得困惑或沮喪時，就會在晚上喝咖啡，因為我知道，自己在深夜會被喚醒。所以我晚上安然入睡，然後在半夜三點時，當左腦（這是她掌管邏輯的腦部，就是顯意識）被收起來，不再保持警醒時，右腦（潛意識）就會跑出來玩耍，並助我一臂之力……我一直寫信給右腦（她跟潛意識保持非常友好的關係！）……右腦也喜歡常常收到我的信，大概每隔一兩天就會跟我對話……我書中所有幽默的橋段（她的潛意識喜歡開玩笑），都

是『真希』（葛拉芙頓的潛意識有名字）的貢獻。」

「為了要取得聯繫，我必須稍微了解自我（顯意識）。自我也是部分的我，『我過得怎麼樣啊？』『這樣好嗎？』『你喜歡這個嗎？』『你覺得書評會喜歡這點嗎？』這和創造沒有關係……我必須從內部做起……不過，這不是讓自我感覺良好，不是耍可愛，不是覺得自己很棒，不是去思考什麼，不是對自己下判斷，也不是自我批判，而是保持平和，並聆聽內心的聲音，告訴自己下一步該怎麼做。」

「我認為，如果你要求潛意識在夢境中告訴你資訊，它會順從你。潛意識非常渴望跟我們設法取得聯繫，真的是令人驚嘆不已。夢境就是絕佳的溝通方式，因為這看起來和顯意識的擔憂，似乎沒有直接關聯。」

孵夢的方式其實非常簡單，你只要在睡覺前，請你的潛意識在夢中，在今天晚上的夢境中……就某問題給你答案，或是為某問題提供想法，並讓你醒來之後，不但記得夢境，也了解夢的含意。

將紙筆準備好，你醒來的時候，夢境可能依然鮮明，你可能覺得自己等一下還是會記得。不過，你的顯意識醒轉後，潛意識

就會漸漸消失，夢境就會跟著消失啦。

　　如果你想確定對此夢的解釋是否正確，可以用單擺跟潛意識確認。

自動書寫

　　有時候你發現自己心不在焉地隨意塗鴉，例如講電話或受到干擾時，毫無意識地亂塗亂畫，自動書寫也是同樣道理，不過潛意識往往是藉書寫表達自己的想法，而非透過畫圖的方式。

　　每個人都具備自動書寫的能力，不過每個人流利的程度不同。有些人倒著寫、從下往上寫、用刻印章的方式寫出鏡像文字，大部分的筆跡相當稚拙。記得，這是因為你的潛意識在表現自我，而你的潛意識不成熟、愛開玩笑、也不太有邏輯。所以，不要期待你會看到平常（顯意識）的筆跡。

　　很多人透過自動書寫，完成故事、詩篇、樂曲，和設計等等。功成名就的作家蒙哥瑪利（Ruth Montgomery）表示，她的作品出自於自己的潛意識。《與神對話》（*Conversation with God*）系列的第一、第二和第三部的作者沃許（Neal Donald Walsch）雖然宣稱自己的作品是來自神的啟示，不過大家可能不甚相信。而如果他的作品不是透過天啟，就可能是出自於潛意識。

《奇蹟課程》（*A Course In Miracles*）的作者舒克曼（Helen Schucman），是紐約哥倫比亞大學的心理學教授，她宣稱此書出自耶穌手筆，你可能不相信耶穌是幕後的作者，但是本書內容絕對不是來自舒克曼的顯意識，因為舒克曼是一位具有猶太血統的無神論者，學術立場也傾向保守，所以她的顯意識絕對不可能寫出這種東西。

　　羅柏茲（Jane Roberts）有一天寫詩的時候，突然有東西主導了她的筆，讓她馬上進行自動書寫。羅柏茲所寫下全然陌生的內容，收錄在其著作《賽斯書》（*Seth Speaks*）中。

　　自動書寫很容易，下面介紹的只是大原則，因為每個人執行的情況可能有所不同：

- 使用一枝口徑較粗的筆。
- 垂直握筆，你可以用拇指和食指握筆，或是用全部的手指抓著筆。
- 將手肘輕輕放在桌上，讓其可以自由移動，你甚至可以用吊帶吊著前臂。
- 在一張特別大的紙張上書寫。

- 我建議你進入alpha狀態。多數人不一定需要進入alpha狀態，因為我閱讀過的相關資料，都沒有提到一定要進入alpha狀態。不過也有可能他們的心理狀態改變，但只是不自覺而已。
- 命令你的潛意識開始寫字。
- 不要看紙，不要讓顯意識妨礙你。
- 如果你的潛意識啟動地較慢，那就有意識地讓開始動筆。
- 有時候，換手寫會有幫助。
- 透過看電視或聽音樂等手段，讓顯意識分心。

肌肉反應測試

你的潛意識和人體所有器官與所有細胞溝通。因此，你的身體哪裡不對勁，情緒的問題、內分泌的問題，或是身體器官的問題，潛意識都知之甚詳。身體發病以前，會先顯明在細胞上。透過「肌肉反應測試」（Muscle Response Testing, MRT），便可偵知細胞呈現的資訊。

MRT又可稱為「運動生理學」或是「應用運動生理學」，目前已受到治療師、脊椎按摩師和醫生所採用。MRT相信正面能量

可增強肌肉能力，而負面能量則會削弱肌肉能力。另外，正面能量伴隨真理，而負面能量則伴隨謊言。所有肌肉都可接受測試，但一般是測試三角肌。受試者伸出一隻手臂，並讓手臂與地面平行。測試者輕輕用兩根或三根手指，將受試者伸出的手腕往下壓時，受試者要抵抗壓力。這時，肩膀要收緊，不能移動。

接著，受試者或測試者說一句話。若此言為真，則受試者的肩膀就會保持不動。若此言為假，則受試者的肌肉就會變軟，手臂就會因測試者的壓力而動搖。

這個方式需要兩人才能進行。只有一個人進行此測試的時候，可以修改進行方式。其中一個方式，是用雙手的拇指和食指形成連鎖雙圓。說一句話，並讓雙手分開。如果此言為真，你的手指還是會鎖在一起；如果此言為假，你的手指肌肉就會變軟，造成兩手分開。

這個測試有些特別要注意的細節。所以，如果去找專家上課的話，對你會更有幫助。下面是一些相關的小叮嚀：

- 測試前要拿下所有首飾，尤其是手錶。
- 測試時不可以放音樂。

- 測試時，心裡一定要一直想著進行測試的那句話。

- 測試者或受試者說了進行測試的那句話後，另一個人要說「抗拒」。

- 如果你很累，或是情緒不佳，測試結果可能會有偏誤。

- MRT可以用在：

  決斷某樣東西對你有利還是有害。

  決斷你服藥（維他命、草藥、或其他藥品皆適用）的劑量。

  決斷你是否缺乏維他命或礦物質。

  決斷某器官的健康狀況。

  尋找致病的原因。

  了解你的潛意識對某事的看法。

  我會給你一些例子，讓你進行自我測試。首先，提出一句事實。我是＿＿＿＿。你會得到正面的測試結果。現在說，我是米爾佛（如果你真的是米爾佛，請把名字換掉），你會得到負面的測試結果。

  想到林肯（Abraham Lincoln）和華盛頓（George Washington），你會得到正面的測試結果。想到希特勒（Adolf Hitler）和史達林（Joseph Stalin），你會得到負面的測試結果。

（如果得到正面的測試結果，請你去找心理醫生。）

或者，把健康的東西放在心口，例如一顆有機的維他命C，然後進行MRT。你會得到正面的測試結果。現在換成白糖再進行測試，你會得到負面測試結果。

心理想著維他命C錠的景象，並說：「5百毫克對我的健康最好。」如果得到負面的測試結果，就用不一樣的劑量，詢問相同的問題，直到你找到最適劑量為止。

可以用你正在服用的其他藥物，重複上述測試。如果你覺得自己愛上了同事，假設同事叫莎莉好了，但是你覺得，雙方的關係有點不對勁，也可以用同樣的方法進行測試，例如：「我喜歡莎莉，我覺得她是我的好朋友。」你可能會得到正面的測試結果。嗯嗯，但是你的顯意識也這麼認為。現在測試你的潛意識。「我的潛意識也喜歡莎莉，我的潛意識也覺得，她是我的好朋友。」如果得到負面的測試結果，你就知道為什麼感到跟莎莉的關係不對勁啦。

MRT是由古德哈（George Goodheart）醫生率先使用。他發現肌肉的強度或虛弱，跟人體器官的狀態有關係。古德哈醫生稱其為「應用運動生理學」。他和其他人在1970年代，共同撰寫了三

本專書，不過現在都已經絕版了。

在1970年代末期，精神科醫師戴蒙（John Diamond），進一步改良此技術，並稱為其「行為運動生理學」。他發現，肌肉變硬或變軟，會分別對應正面和負面的情緒、心理刺激，和身體刺激。他在1979年將發現寫成專書出版，書名為《行為運動生理學》（*Behavioral Kinesiology*）和《身體不說謊》（*Your Body Doesn't Lie*）。

另一位精神科醫師霍金斯（David R. Hawkins）將此方式推廣到更重要的層次。他提出了兩項重大貢獻。其一，他對數百名病患測試，他們來自各種背景、屬於各色人種，是分布在各年齡層的男女老少，因此霍金斯證明這項測試適用於所有人。

其二，他擴展了這項測試的使用範圍，不過這不是本課程的討論範圍。我強烈推薦他的作品：《能力對抗力量》（*Power vs. Force*）、《眼中的那個我》（*The Eye of the I*）。他也和保陵（Nobelist Linus Pauling）共同執筆了《正分子精神醫學》（*Orthomolecular Psychiatry*）。

我曾親眼目睹MRT的驚人力量。很多專科醫師為某位朋友瑪莎（化名）診斷，發現她得到了一種無藥可醫的膀胱失調症。瑪

莎當時身體不適，體重過重，並且在服用某些強效藥物。束手無策的醫生認為她此生將纏綿病榻，因此將她介紹給支援團體。不過她沒有去支援團體，反而求助於蓋許（Valerie Moreton Gersch）創辦的KAOLS，此機構專門教導MRT。透過MRT，蓋許發現瑪莎對某種普通食物過敏，系統也有某些失衡之處。經過三個月控制飲食，與服用少數草藥後，瑪莎完全康復，體重正常，也非常健康。蓋許著有兩本關於MRT的專書。

「警覺」制約課程

「保持警覺」在某些情況下非常重要。你可能得去參加考試，或出席一場重要會議，卻發現自己懶散疲倦。下面課程可以幫你隨時隨地將自己調整至清醒和警覺的狀態。你想要集中注意力並保持警覺時，從倒數到1，並說出或在心裡想「警覺」。你的心智和身體就會保持警醒，並準備採取行動。

保持警覺練習

　　放輕鬆。抬頭20度，並盯著某一點看。持續抬頭讓你的眼皮漸漸疲倦，將眼睛閉上。你的眼睛現在閉上了。

　　你開始放鬆……放手……放手……。你身體所有的壓力都逐漸散去，壓力漸漸釋放。全身肌肉，從頭到腳都知道，檢查身體全身，讓仍舊緊張的肌肉放鬆。放鬆就是這麼這麼簡單……只要放手，並讓身體變得鬆軟……鬆軟。在心裡從5倒數到1。5……你越來越放鬆。4……身體每束肌肉都完全放鬆。想像一堆橡皮筋，拿起其中一條，並將之拉緊。看著橡皮筋釋放拉力的方式，並完全放鬆……2……你現在感覺到溫暖和沈重……1……。「放鬆。」你現在需要處於深度睡眠，並處於健康、自然的狀態……健康的狀態……你每一次呼氣時，更加放鬆。

　　現在，你的顯意識和潛意識互相合作、彼此效力，這是

爲了帶給你最大好處。你的潛意識和顯意識彼此相愛，總是盡最大努力，讓你的健康和心靈保持在最佳狀態。潛意識和顯意識常常彼此溝通……互相效力……讓你的健康和心靈保持在完美狀態。潛意識和顯意識都帶著愛心和快樂這樣做。你的潛意識願意受來自顯意識的正面、健康和有建設性的意見，這些意見在爲你帶來最大好處的同時，也不會對他人造成傷害，可以帶著愛心快速執行。你日漸強大的心理機能，則可以爲你自己，和全人類帶來幸福。

沒有一切可以阻撓你現在的狀況。你身旁的一切，都會助你持續處在目前的深層狀態。

想像你處於科羅拉多河的胡佛大壩（Boulder Dam）。水壩深達1千2百呎（約366公尺），你站在水壩中間，看到這幅壯闊的景象。現在往米德湖（Lake Mead）的方向看，這是全世界最大的人工湖。往其他方向看，則看到科羅拉多河從水壩的方向流出。你從726呎（約221公尺）的高度往下看。這比44層樓的建築物還高，並阻止了大片海水灌入。

你看到許多粗大的管線，將水導入洛杉磯、拉斯維加斯和其他城市。

　　接著，你要往下走進入水壩底部的發電中心。你進入電梯，發現操作員是潛意識。你命令潛意識往下走到水壩底部的發電中心。所以電梯開始往下……從一樓往下……往下……由於電梯加速的緣故，你感覺身體變輕，也覺得自己的睡意越來越深……深度、安詳的睡眠……越來越深的睡眠……越來越深的睡眠。你很期待看到水壩的巨無霸發電機。電梯越變越慢，即將停在底部，你將看到一棟龐然大物……美侖美奐……帶來幫助……強而有力的東西。電梯終於停下。

　　電梯門打開，你看到一個大房間，至少有兩個足球場這麼大。十個大型發電機在房間排成一列。每個發電機的半徑至少長達十呎（約三公尺），高十呎。每個發電機都配有粗粗的電線，傳輸城市需要的電源。在你面前的，是十個發電機的控制面板。每個發電機都配有開關，還有一個電錶，顯示

十個發電機輸出的總電量。

　　打開1號發電機。渦輪開始旋轉時，聽到轉輪發出的嘎吱聲……越轉越快。你看到電錶的指針跳到1，最大的刻度是10。一股愉快的暖意流過你的全身。數字越大，暖意越強……這股暖意會流到全身各細胞和組織。現在，打開2號發電機。兩個發電機一起旋轉時，渦輪發出更大的嘎吱聲。接著，打開3號和4號發電機。4個發電機一起運作，讓你感到地板發出強烈的震動。同時，你也感到能源汩汩湧來。打開5號發電機。噪音變得更大……打開6號和7號發電機。

　　噪音吵得讓你快要受不了，所以你把擺在你前面的耳罩戴上。耳罩可以阻絕一些聲音，不過還是很吵。震動甚至要將牆壁搖垮。你吸入力量……能量……力量……每次吸氣都注入生氣。打開8號……和9號發電機。我得對你大吼大叫，你才聽得到我說什麼……不過你的身體依舊鬆軟沈穩。力量源源不斷傳入你的身體。震動的力量太強，所以你要打開10號發電機時，握住開關的過程困難重重。打開10號發電機。

現在力量全滿。電錶的指針指向10，儀表板閃爍著紅光。你現在完全警覺，並準備好面臨任何狀況。你的心臟伴隨著強大的能源跳動。

你感到腎上腺素注入身體，並且感到能量在全身汩汩流動，你現在完全警覺，並預備好用集中的注意力，與源源不絕的能量，面對任何問題。你感覺美妙，並滿有力量，任何問題都可迎刃而解，完全在你的掌控之中。你知道可以控制自己的身體和行為，你已經準備行動，你現在準備好了！數到10，聽到「警覺」二字這個信號，就把眼睛睜開……1-2-3-4-5-6-7-8-9-10：警醒！！！把眼睛大大張開！

第 6 課

操控潛意識 I

指派工作、讓它為你全力以赴

我們要先重點回顧一下前面所說的課程重點。

▌期待

潛意識期待某事，就會讓該事發生。期待是預言自我實現。當你對潛意識下指令時，必須期待結果發生。第一課講到的例子，證明了潛意識的力量。你有能力，所以期待正面的結果發生。你的精靈會回應你。

既然你期待正面的結果發生，所以得到想要的結果時，不要覺得吃驚。這當然是你的精靈幫你搞定的！這也是你期待的結果，所以只要說謝謝就好啦！覺得驚訝是沒信心的表示，表示感謝才是有信心的表示。

▌正面的態度

懷抱著正面的態度，即使結果沒有如期（顯意識）發生，還是要有信心。

記得反效果法則。如果你越害怕失敗，那這個恐懼（潛意識）就會征服你的意志（顯意識），讓你無法成功。

▌啟動潛意識

使用情緒和圖像讓你的精靈動起來。使用一些會挑起情緒的字眼和圖像，避免批判分析和理性比較。

▌讓你的顯意識分心

一想著你下的指令（顯意識），會對精靈造成阻礙。

如果你的顯意識（處於beta狀態）還一直想著指令，你可能就會一直想到失敗，並衍生出千百種理由，解釋自己為什麼會失敗。所以，要多練習讓你的顯意識分心。

▌指派工作給你的潛意識

當你已經在潛意識寫入程式後，顯意識就會放手。所以相信你的精靈。所以，批准你的潛意識之後，就將此事拋在腦後。當你將工作給一位信實、優秀的員工時，你相信他會使命必達。太多的細節管理反而會阻礙工作的進行。對你的精靈不要管太多，而是要完全相信它。也不要告訴你的精靈該怎樣把事情做好。

▌使用情緒

情緒也是能量。跟你的精靈溝通下令時要帶著能量。帶著感情誇張地演出來！

▌感官

交辦任務給精靈時，使用你所有的感官。如果你寫入程式，是為了想得到新車，去注目那輛車、聞那輛新車椅套的味道，聽見喇叭聲響，並體驗駕駛新車的感覺。

▌進入alpha狀態

alpha狀態能大開潛意識之門。進去此狀態後，命令和指令被執行的速度，會快上幾百倍。

▌使用重複

重複對潛意識下一樣的指令，直到指令被執行。定期寫入，以確保指令持續執行。想像一座天平，你必須在正面能量那端不斷增加重量，直到正面能量完全超越另外一端。

▌使用想像力

你的想像力分不清真假，所以好好利用此優勢。想做某件事時，你每次都做得很到位。想像自己在一大群人面前輕鬆自如地演講。你演講時口若懸河，內容也清晰易懂。你在觀眾的眼裡，看到了他們對你的尊敬。想像你在辦公室跟某位同事有爭論，雙方皆保持友善的態度，討論的內容也很有建設性。對同樣的事情，想像不一樣的結果。想像你賣掉一幢價值1百萬美元的房子。想像你被老闆提拔，得到了夢寐以求的工作。

▌改掉壞習慣

你沒辦法改變深植於你潛意識中的壞習慣，不過你可以用相反的力量制服這些壞習慣。持續在你的潛意識中，投入正面的建議，並取代負面的建議為止。

▌更新目標

定期回顧你的目標，你的精靈一直想達成寫入的目標。把帶給你快樂、平安、和成就感的目標，送到潛意識中。

▌監控想法

你的潛意識是目標導向的電腦，因此你只能輸入積極、有建設性以及健康的目標。換句話說，你必須監控自己講出的每個字，在你清醒的每分每秒，只能想著你想要變成的樣子。

開始操控潛意識

在這裡提到的方式既簡單，也不怎麼需要準備。不過不要因為這些方式很簡單，（例如，覺得想要換掉壞習慣太簡單），就覺得沒有用。記好：使用潛意識時，不要付出努力。付出努力反而會弄巧成拙。使用潛意識的方式，一定是既簡單又不費吹灰之力。使用潛意識這麼簡單，你應該感到很開心才對。

我可以花很長的篇幅，解釋使用潛意識的方式，不過在這裡，我只會以必要的字句，將需要提到的內容解釋清楚。過去幾課介紹的內容，已經為你奠定了初步的基礎，提到的規則，都沒有那麼死板，你不需要照表操課，而是可以自由發揮。發揮想像力。個人化這些方式。記得，一定要去執行，因為真的有效！

從廣告說起

在開始討論使用精靈的方式前，你要先了解，廣告人使用哪些原則影響你。

廣告業的市場規模，高達數十億美元。在美式足球「超級盃」比賽時所播放的廣告，每分鐘都高達數百萬美元。這些錢可不是隨隨便便地丟到水裡。因為廣告人知道如何影響你。

他們有六種方式可以讓你掏錢購買他們的產品：

- 強制威脅：此舉不合法，也過於昂貴。
- 藥物：此舉不合法，也不實際。
- 懲罰：雇用軍隊去懲罰拒絕購買產品的人，這不但不合法，也不符成本。
- 理性：我敢打包票，沒有電視廣告或雜誌廣告會利用理性銷售產品。理性只用在科技領域。例如，某位工程師需要一個顎式壓碎機（jaw crusher）時，他會去翻這項產品的目錄，去找到一個符合他需要的工具，工程師的選擇過程，不會涉入情感。但是，如果洗髮精品牌的賣點，是建立在使用效果，那品牌應該不會構成差異化，因為所有品牌的產品，效果並沒有太大差別。

- 獎賞：這是讓消費者掏錢的方式。有時你買東西，商家會給你集點卡，點數集滿以後，就可以兌換你想要的商品。有些信用卡提供消費換飛行里程的活動，集滿2萬點，就可以換一張機票等等。獎賞的確有用，不過，若想更深入影響你的購買活動，這卻不是有用的方式。

- 建議：廣告主使用建議。建議是讓人不經思索便樂意接受的想法，這是由可預知的行為模式造成。建議就是要給你的潛意識，而非顯意識！

上述簡單提到的重要原則，就是廣告主促銷產品的手法。你了解廣告主的運作方式，就可以控制廣告對你的影響力。

廣告不針對你的顯意識，所以不講邏輯。而建議則是針對你的潛意識。你決定購買某樣東西，多半都是出於情緒，而情緒是來自你的潛意識。

現在你可以了解為什麼廣告主會播出有些看似愚蠢的廣告，像是綠巨人（Jolly Green Giant），還有在人體器官中工作的卡通人物。他們在你的潛意識，而不是顯意識中植入建議。想抽煙只是因為充滿男子氣概的牛仔也抽，這樣合邏輯嗎？想穿某牌的運動鞋，是因為上面有籃球明星喬丹的名字，這樣合邏輯嗎？想用

某牌的除臭劑，是因為很新鮮，這樣合邏輯嗎？你是否曾經邊看電視廣告邊說：「這廣告實在是蠢透了。」對你的顯意識來說，或許很蠢。但是廣告要說服的對象，並不是你的顯意識。

ALPHA狀態不設防

當你處於alpha狀態時，建議更容易被潛意識接受。多年前帕克（Vance Packard）曾在其著作《隱藏的說服者》（*Hidden Persuaders*）中指出，購物者，尤其是男性，在賣場走動時，往往處於alpha狀態，因此更容易衝動購物。

研究者也發現，人們看電視時，往往處於alpha狀態。電視是能力優越的催眠師，可以讓你進入alpha狀態，並把你留在那兒。多數人在下班或下課後，想要逃離日間的辛勞，好好放鬆一下，並關掉腦袋（顯意識）。他們做什麼？看電視。他們看電視的時候，不是心不在焉，就是情緒深受節目的情節牽動。所以，廣告主選在此絕佳良機，將建議植入你的潛意識，還真是碰巧啊。

你覺得廣告很蠢，你也討厭廣告。你的顯意識可能飄走，不去注意廣告，但你的潛意識依舊清醒，也沒有不理廣告。而在你有邏輯的顯意識，感到無聊或分心時，建議更容易植入潛意識。透過電視植入建議到數百萬人的潛意識，是很有效的方式。所

以，業者砸下數十億美元在廣告上的回報其實相當驚人。

情緒最有力量

電視廣告訴諸情緒而非邏輯。很多廣告使用恐懼，刺激消費者購物。想像一個小寶寶坐在輪胎裡，或是一個媽媽在狂風暴雨中開車，旁邊卻坐著寶寶的畫面。廣告主利用可能發生意外的恐懼，激勵你購買他們的輪胎。「金髮的人兒比較有趣。」這句話，則是針對非金髮人士，讓他們覺得自己不足，因而感到恐懼。如果你不買他們的產品，你就不有趣，你就沒有朋友，就沒有安全感等等。

電視節目往往在進入高潮時暫停。並播放廣告。例如，正當某位大家都沒預料到的證人，要進入法院時，節目戛然而止。進廣告。你最容易接受建議的時刻，剛好播放廣告，來得還真是巧啊。

想像的無邊際

如果你開著新的跑車，會想像你自己變得更年輕，並做一些年輕人會做的事情，例如接送辣妹。如果你依舊年輕也單身，這樣的想法不錯，但是汽車廣告通常針對中年已婚男士。香煙廣告

不再出現在電視上，但是記得一群名流在吸煙的畫面嗎？叼著煙並想像你也可以躋身為名流之列，並吸引朋友。現在，雪茄廣告出現在電視上，某個人一邊抽著雪茄，並想像著自己也可以飛黃騰達。

記得那支百事可樂攻擊可口可樂的廣告嗎？一群充滿年輕積極有朝氣、快樂的年輕人，出現在百事可樂的廣告，讓你想像，你也能擁有「美好」的生活。只要喝下百事可樂，你就會擁有一群相貌出眾、積極有朝氣的朋友，就像百事可樂的廣告一樣。你會常常跟他們在一起，人生因此充滿歡笑。那香水廣告又是怎麼樣呢？「每個女人心中都有一些 Eve。」「我所有的男人除了 English Leather 外，什麼都不用。」

有本消費者雜誌上，刊登了一篇洗髮精廣告的文章，開頭是：「夢想，才是洗髮精業者銷售的東西。『使用草本精華，便可進入美妙的人間花園，在那裡，每個泡泡聞起來，都有奇異綠色草藥的味道，或是新採野花的味道。山間小溪的清新氣息，及朝陽照耀在你的頭髮，都會讓你感到活力四射。這些來自遠方的美好想法，充斥在你的腦中，體驗草本精華洗髮乳……會讓你的頭

髮振奮不已。」洗髮精業者必須在市場上傳播夢想，不然怎麼能讓消費者在市面上成千上萬的品牌中，發現到他們的存在？」

制約反應的替代方案

還有種廣告是為了提出治療建議，這種廣告事實上卻是在建議疾病。廣告主在促銷某種產品之前，你必須了解他們的產品有什麼療效。例如：

- 「流感季節又將降臨了。」當然，這表示你會頭痛、留鼻水等症狀。
- 「今年流感肆虐……」每個人都會得到流感，特別包括你在內。
- 「下一次你感冒的時候……」每個人都會定期感冒。
- 「服用 Exedrin Headache 第 34 位病號……」得到頭痛是正常現象，你應該預期自己會得到。這是地位的象徵。

藥廠銷售頭痛，才會賣出越多阿斯匹靈。我曾經讀到一篇文章，上面提到阿斯匹靈的製造商投下鉅額廣告預算。要賣阿斯匹靈難，賣頭痛比較容易。

廣告對孩童的影響也非常糟糕。跟大人相比，孩童對電視廣告更是照單全收。孩童在頭痛文化下長大，相信頭痛很正常，認為每個人都會頭痛，只要有壓力，就會有頭痛。

另外，每年總是會在某些時候，提醒我們過敏季節即將到來，而我們應該最好做好萬全的準備。我們手邊最好準備特效藥，因為我們應該期待這些藥會派上用場。花粉攻佔我們的鼻竇的卡通圖片重複在電視上演，對我們進行轟炸。某些漂亮的名人也為某項過敏產品代言。

影像與象徵

你的潛意識多半用影像而非文字溝通。廣告主用文字輔助影像，前面提到的洗髮精廣告便是如此。電視廣告的影像特別有效。例如，廣告主可能會用卡通的形式，呈現一個被切掉的胃，用誇張的手法，描繪胃灼熱的現象。或是汽車廣告主製作一段卡通，讓某牌子的車在天堂中行駛。換句話說，開這輛車就彷彿在天堂開車一樣。

電影明星卡爾馬登（Karl Malden）曾經拍攝很多電視廣告。請卡爾馬登代言很有效，是因為他的形象是備受尊敬的警察、軍官、或有權有勢的人。他總是戴著帽子，而帽子是權威的象徵。

凱薩琳丹妮芙（Catherine Deneuve）和伊莉莎白泰勒則是性感和魅力的象徵。綠巨人使用巨人為象徵，目的是要建議你：如果你吃了這些食物，就會變得強壯、健康和快樂。雪茄則是成功和重要的象徵。

羅伯揚（Robert Young）因為在電視影集《爸爸最知道》飾演威比（Marcus Welby）一角而成為權威、正直和萬事通的象徵。所以他說的每件事都是對的。如果他說你需要飲用「森卡咖啡」，你就必須這麼做。

重複不嫌多

廣告會一直重複到讓你厭倦為止。廣告主在意你的顯意識對同樣的廣告感到厭煩嗎？一點都不會。首先，廣告不是針對你顯意識播放。再來，你對廣告感到厭煩的時候，更容易有意識地忽略廣告。當你的顯意識忽略廣告，建議就更容易被你的潛意識接受。

某些比較長的廣告（例如有30秒）會敘述一個故事。但一週後廣告會濃縮為五秒。因為這個故事在你的腦海，已經建立了連結，廣告要做的就是喚起你的回憶。廣告主只要播放五秒鐘的廣告，播放完整版廣告的內容，就可以在你的腦海裡播放，所以廣告主就可以省下25秒的播放成本啦。

還有……政治廣告

政治廣告並無太大的差異。去找找看愛國主義的象徵。上次總統大選的候選人在演講的時候，都在比誰後面插的國旗比較多。

這些候選人有邏輯嗎？糟的是，他們往往一點邏輯也沒有。

幫助候選人拿下最多選票的往往是情緒，而非邏輯。以完整、有邏輯的方式，分析某主題，無法博得多數選民的注意力。某位選戰操盤手曾在某場座談會上表示：「能夠讓聽眾感動的話語，不是一些引經據典或是多有智慧的話，而是可以挑起群眾情感的言語。」

讓你的潛意識接受健康元素

現在你知道怎樣保護自己不受廣告侵害啦。如果看到病人擤鼻涕的畫面，出現在電視廣告，還有旁白說：「現在是流感季節……」，記得用健康的想法和影像，取代上述畫面。

憂慮

進入潛意識的建議，大部分帶著憂慮的因子。問題在於，你在憂慮時植入的建議，是讓你最不希望的事情發生。你的擔憂是最重要的想法，這樣的想法，最能被潛意識接受。你寫入潛意識

的想法，是你最不想要的東西，但在寫入的過程中會一再重複且充滿情緒，因此會持續進入你的腦海。這些想法可能會被誇大，舉例來說，大部分憂慮的想法就是被過於放大。

某些誘因常常將憂慮帶進潛意識。假設你擔心丟飯碗，而家庭會引起你的情緒。因此，每次想到家庭，就常常誘使你升起煩惱的情緒。記得嗎？你的潛意識分不清真實和想像。所以，假想的情況看起來像真的一樣。假設你持續憂慮，健康甚至會受到影響。

如果你希望最糟的事情發生，憂慮會助你一臂之力，將這樣的想法寫入你的腦海。但你要的是最好，而非最糟的事情發生。下面提出幾個簡單的方式，助你去除憂慮。

進行直接活動

讓我們回顧第4課提到的自然能量循環：

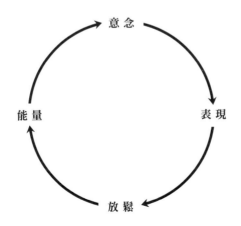

憂慮會透過不直接的活動表現，所以打破了循環。不直接的活動讓人無法好好放鬆，更有甚者，不直接的活動也浪費時間精力。情緒需要出口，如果浮出水面的想法如憂慮，沒有透過以直接的活動表達，就會以咬指甲或抖腿等方式表達。如果這種情況持續下去，會造成胃潰瘍或高血壓等。所以，直接的活動才能維持自然的能量循環。

提出問題解決方案

清楚界定問題，並儘量想出所有的解決方案，先不要排除任何點子。將所有想法列出來後，選出最合理，也最可行的解決方式。採取實際行動，並努力執行解決方案。例如，假設你擔心失去工作，那就隨時更新履歷，並不時詢問其他企業有沒有工作機會；或是考慮回到學校再修一個學位。以直接的方式使用情緒的能量。當你盡了人事，做了一切你能做的，你可以告訴自己：你已經盡力了，所以不要再擔心。

進行直接活動的另一個重要層面，是讓你有可控制的感覺。大部分會感到憂慮的原因，是覺得自己無助。醫界某些研究結果顯示，和醫生一起做決定的病人，比單方面對醫生言聽計從的病人，恢復地更為迅速。病人參與決策過程時，會覺得自己掌握了

情況。當病人沒有積極參與醫生的決策過程時，他比較會覺得自己很無助。

多用「我……」

「我很」是句很有力的話。「我」後面的話，就是傳送資訊進你的潛意識。有智慧地使用這些話，因為你每天都會用上很多次。

你每天跟別人寒暄的時候，都會用到「我很」這個詞。每次你和某位朋友或同事打招呼時，他們可能會說：「你好嗎？」這時候，一般的反應會是什麼？

- 「我很好。」「好」的其中一個意思，是高品質的意思，不過這個字眼已經遭到濫用，所以你的潛意識對「好」的意思，其實有所懷疑。
- 「我很OK。」只是OK嗎？你不想要「比較好」，而只想要OK嗎？
- 「我已經比較好了。」你覺得「比較好」，就是在告訴你的潛意識你現在不太好。會什麼要讓會把每句話當真的潛意識，去不當解釋這些稀鬆平常的回答呢？

當別人問你過得如何，試著用正面積極的話，征服你的潛意識。何不回答，「我……」：

- 擁有美好的一天。

- 很開心。

- 很棒。

這樣說則會更好！說「我……」

- 很健康。

- 很成功。

- 很快樂富足。

- 很漂亮。

- 既聰明，表達能力也很好。

- 很有愛心。

雖然當別人問我們「你好嗎？」時，我們多半不敢在眾人面前，用這樣的答案回答。沒關係，你不用說出聲來。只要大聲告訴自己就好。

即使你不採用此意見，也不應安於現狀。你不應該只有「OK」，或是只有「還不錯」、「差強人意」，或是「比某些人好」

等。你應該要為自己爭取到最好的，所以，要下對的指令！

你在用「我得到……」、「我有……」，和「我覺得……」這些句子時，也是同樣道理。感冒的時候，不要一直重複「我頭痛、我鼻塞、我頭痛」這些話，確認你的症狀。

有的時候你的確得描述你的症狀。例如，你打到學校或辦公室請假的時候，或是在跟醫生敘述病情時，都得描述病情。這時候，你要先發制人，甚至只對自己說「到現在為止……」，告訴你的潛意識這只是暫時的現象，未來一定會好轉。

真的有用！

《真的有用》（*It Works!*）是一本25頁的小書。這本書的作者表示，他以用350頁的一般長度呈現本書內容，但是只要主題摘要，只需要寥寥數頁就可以解釋清楚。這位作者宣稱自己大名鼎鼎（他只透露自己名字的開頭字母是RHJ），並將他的成功歸因於採用了「真的有用」方式。這個方式真的有用，也很簡單。是

你的精靈在工作。方式如下：

■ 第一步：

在3乘5吋的卡紙上寫下你要的事情和情況，一張紙上只列一

件事。使用本書所教導的原則。力求具體明確。如果你要錢，寫下你要的數字。如果你要車，列出你要的牌子、車款和顏色。列下你要的車子的同時，想像自己開著那輛車⋯⋯聞著新椅墊的味道⋯⋯親自踢踢車輪，體驗開新車的感覺等等。寫下你的要求的同時，記得帶著情感。你甚至可以畫下你要的東西。

不要膽怯，也不要遲疑，覺得你可能要得太多。若有必要，修改卡片的內容。

該書作者建議將卡片的數量限制在三張以內。不過，既然潛意識一次可以同時從事幾兆種事情，這樣的限制其實沒有必要。你想要用幾張卡片，都沒有關係。

▌第二步：

作者說，在清晨和臨睡前閱讀這些卡片。他可能採用了庫威（Emilie Coue）的想法。不過，不管這是作者想的，是庫威想的，還是別人想的，這樣做的用意，是在alpha狀態下閱讀這些卡片。不過呢，既然你可以時時刻刻進入alpha狀態，你一天想要閱讀卡片幾次都可以，而不用限於起床或睡前的時段。在beta狀態下不要閱讀這些卡片，因為你的顯意識可能會多所批評，導致你覺得自己可能會失敗。

▌第三步：

不要讓別人知道你的願望。分享只會稀釋潛意識的力量，並挑起批評和懷疑。這也會對你成功與否，造成不必要的壓力。記得，任何失敗感都會勝過想成功的欲望。

▌第四步：

不要指導你的潛意識該怎麼做。

就是這樣，很簡單但是很有效。我工作的航空公司花大錢為員工購買上述課程，為了幫助員工達成目標。這些優質課程包含演講、講義、錄音帶等教材，的確可以幫助你分析自己，並選擇適合你達成的目標。不過其施作的限制是：

當你決定好目標，寫在3乘5吋的卡紙上，一張卡紙只寫一個目標。早上剛起床和晚上臨睡前，朗讀這些卡片，不要跟別人分享卡片的內容。不要告訴自己如何達成這些目標。聽起來是不是很熟悉啊？

某位男士靠銷售此方式發了大財。大約在25年前，他在國內各大城市，刊登了全版廣告，推薦他的著作。該書書名為《懶人

致富法》（*A Lazy Man's Way to Riches*）。想閱覽全書的讀者，可以透過郵購取得。但是為了讓此書暢銷，他透露了一些小撇步：在3乘5吋的卡紙上寫下你的目標，一張卡紙只寫一個目標。早上剛起床和晚上臨睡前，朗讀這些卡片，不要跟別人分享卡片的內容。不要指導自己的潛意識如何達成這些目標。

除了這些限制外，這真的有用！並且很簡單！

把你的想像圖像化

這個方式的目的，是讓自己一再讓你的潛意識在心裡想像你要的東西。經過一段時間後，你的顯意識厭煩，並沒有注意這些東西時，這樣很好。每次你在心裡想像某樣東西時，都會挑起潛意識的注意力，這樣最好。這些景象會成為你潛意識電腦的小圖示，啟動的時候，就會讓潛意識運作。這會讓潛意識在不受顯意識干擾下，順利達成目標：

首先，這個方式需要布告板、膠水，和很多舊雜誌。先選好你的目標。然後尋找雜誌上對應你目標的圖片，或是可以提醒你的圖片。例如，假設你要個新家，尋找新家的照片。這張照片應該儘量接近你夢想中新家的樣子。彩色、栩栩如生，並挑起情緒

的圖片為上選。

如果你想出書，尋找書本、圖書館或是暢銷書排行榜的圖片。在暢銷書排行榜上寫下你的書名，並寫下你是作者。

如果你想要新車，剪下新車的圖片，並貼在告示板上。儘量讓圖片符合你夢想中的新車。如果你要富豪車（Volvo），貼上你要的富豪車圖片。貼上富豪車經銷商的圖片也是不錯的選擇。

將告示板貼在你看得到的地方，但是不要回答朋友關於告示板的問題。因為他們可能會認為你沒有能力得到富豪車，在你心中種下了懷疑的種子。記得，不要去想如何執行你的計畫，這是你精靈的任務。

夢想書

電影明星狄樂（Phyllis Diller）多年前接受訪問時曾提到「夢想書」的概念。她說：「每個人都應該擁有自己的夢想書。我有一本夢想書，這是讓我這麼成功的部分理由。」狄樂從不讓任何人閱讀她的夢想書。她的夢想書充滿了希望和夢想，大部分都已美夢成真：「多年前我開始夢想成為明星，不管這看起來多遙不可及，或是荒謬可笑，我就是想要。我把這個夢想寫下來，並在夢想書上作畫。」

夢想書有一個告示板沒有的優點，就是比較不容易讓人看到。要藏一塊告示板不太容易，不過藏一本剪貼簿，不讓朋友，甚至配偶和父母看到，其實並不難。狄樂只是寫下她的夢想，並畫畫而已。你也可以把雜誌上的圖片貼在夢想書呀。

制約練習：清理廢物

電腦使用者會固定清理硬碟。正常情況下，檔案會被分解地支離破碎，某些被丟棄的檔案被隔離，並被丟在一邊。這些殘破並被丟棄的檔案，會影響電腦的運作，並帶來不良的後果。因此，電腦作業軟體往往內建了清除程式，處理這些可能會造成傷害的軟體。

你需要對潛意識的硬碟做一樣的事情。有些從孩提時代起便存在的程式，其實會帶來傷害。也有些成人期才寫入的程式，帶來不良影響，並傷害你的生理和心理健康。這些應用程式包括嫉妒、報復、亂發脾氣和怨恨等等。

你知道某些不良程式的存在。被你認出的不良程式，可以加以處理。用直接活動矯正情況。例如，打電話給讓你生氣的人，努力處理問題。如果你無法親自跟此人談話，那你可以在alpha狀

態下，透過想像完成。因為你的潛意識分不清真實和虛幻。進入alpha狀態，並以有建設性的方式解決問題。

我們通常不大會去注意從孩提時代便存在於潛意識的有害程式。有些在成人期得到的有害程式，是在情緒激動的情況下寫入，埋藏在我們的潛意識中。這些負面程式會嚴重影響我們的生理和心理健康，應該予以清除。不過，其實這些程式無法從潛意識清除，不過你可以用正面的想法覆蓋。這就是這個練習的目的。

清理廢物練習

　　讓自己處於舒適狀態。如果你坐著，讓雙腳平放在地上，雙手自然垂在膝上。抬頭20度，並盯著某一點看。持續抬頭讓你的眼皮漸漸沈重，也讓眼皮越來越疲倦，並因此不規律地眨眼。你很想繼續讓眼睛睜開，但實在做不到，你的眼睛想要閉上。你想讓眼睛睜開，但是辦不到。你越想張開眼睛，就越做不到。你越努力想睜開眼睛，就越做不到。你的眼睛終於閉上。

　　想像你是人皮氣球，有人把你打滿了氣。你可以感到壓力，但你想要放鬆。你的手上有放氣裝置。張開就可以釋出壓力。將所有壓力釋放殆盡，直到氣球完全洩氣躺平在地上。你注意到現在沒有壓力，完全地放鬆，所有壓力都釋放了。

　　緩緩地、深深地呼吸。讓自己放鬆。放鬆是最容易的事。單單放手……只要放手。讓你的心靈飄向愉悅的想法……安

詳的想法⋯⋯快樂的想法。你安全無虞。

只要讓你的身體放鬆⋯⋯完全放鬆⋯⋯從頭到腳都放鬆。尋找身體尚未放鬆的部位，並想像剩餘的壓力從身體離開。你身體的每束肌肉都放鬆⋯⋯變得鬆軟無力⋯⋯非常非常放鬆。你現在感覺非常沉重。越來越重。你進入越來越深沈的、健康自然的放鬆狀態，心靈也非常平安。你根本不需要聆聽我的聲音⋯⋯只要放鬆⋯⋯只要放手。放鬆並放手。你是一個洩氣的氣球⋯⋯完全鬆軟⋯⋯完全放鬆。

想像你要進入電梯。這是一座非常安全的電梯，建得很結實，設計也相當精良。牆壁是軟的，燈光是柔藍色。你注意到電梯裡有位服務員，他看起來很眼熟。這位服務員就是你的潛意識，他知道你要去哪裡。你的服務員關上門，開始一路往下⋯⋯往下。你的服務員領你去健康的、心靈的深層狀態⋯⋯在此狀態下，你的潛意識開放給健康、正面的建議⋯⋯潛意識只接納對你大有裨益的建議。

你往下走時，身體越變越輕。你的潛意識也越走越深。總共有十層樓⋯⋯你經過10樓。電梯持續往下⋯⋯安全地⋯⋯

穩定地往下。由於電梯往下，你覺得身體越來越輕。現在你經過9樓⋯⋯你繼續往下⋯⋯往下。當你往下時，也進入越來越深的睡眠⋯⋯越來越深的睡眠。電梯內的燈光越來越暗。你現在經過8樓⋯⋯現在是7樓。你現在處於深層、健康的心理狀態⋯⋯比你以前經歷過的狀態都來得更深入。讓你非常愉快⋯⋯平安⋯⋯安寧及美妙。經過6樓、5樓和4樓。你要進入更深層的心理狀態⋯⋯越來越深入。經過3樓和2樓。現在你到了1樓。

你現在進入了最深層的睡眠⋯⋯你現在的狀況，讓你可以輕易在潛意識寫入任何健康、有愛心和正面的意見。你的潛意識急切吸收所有健康、正面的建議。你的潛意識很樂意配合顯意識的要求。為了帶給你最大的幸福和健康，你的潛意識帶著友愛的態度，和顯意識攜手合作。你的潛意識急切的吸收來自顯意識的正面想法。

電梯停止。你的潛意識打開門。在你眼前的景象，令人嘆為觀止⋯⋯實在無法用言語形容這裡的美。你看到一個草坪⋯⋯充滿了千百種野生花卉的草坪⋯⋯這些大大小小的花卉，萬紫千紅⋯⋯爭奇鬥艷。還有溫馴的動物⋯⋯鹿⋯⋯狐

狸……松鼠。這些動物友善無害。牠們不介意你出現。而你和這幅景象似乎已融爲一體……成爲自然的一部分。你覺得自己屬於這裡，也很高興自己身在此處。

在這兒發現你不需要踱步的小徑……你似乎是飄在百花之間。你沒有重量……自由自在……喜樂無邊……你身在天堂。現在，在樹蔭下休息，並將下列想法，納入自己的心中，從現在到永遠皆如此。

每次你想要回到這樣放鬆、健康的心靈狀態，倒數3、2、1，並在心裡想「放鬆」一詞。每次你想要回到這深入的心靈狀態，只要倒數，並在心中默念「放鬆」一詞即可。你每回去一次，就能夠更快與更容易地重新回去……更快速……更容易。日常對話中，使用「放鬆」，並沒有特別的意義，只有想要回到這樣的狀態，「放鬆」一詞才會帶來這樣的效果。

你身旁的聲響，只會加深你睡眠的深度。不過，在任何緊急狀態下，你都會快速清醒，也能隨時掌握身旁環境的風吹草動。

現在，接受下面關於自己的想法。爲了得到最大的益處，

現在讓自己深深地沉浸在潛意識中，想像你對自己說出下面的言語。

　　我接受自己的本相，過去的經驗造就了現在的我。不管明不明顯，過去的所有經驗，都有獨特的價值。我接受我的過去……過去的一切……都包含寶貴的經驗。不管過去發生了什麼，都讓今天的我，變得更為美好。過去發生的一切，都讓我充滿喜悅。所有一切當時看似沒有必要的經驗……都是為了讓我變得堅強……堅定……茁壯……讓我變得更有同情心……讓我更有同理心……讓我更欣賞我自己和生命……讓我變成更好的人。我現在以正面的態度，回頭看這些過去的經驗，讓我的腦海浮現出一顆美麗的鑽石，鑽石如此美麗、珍貴、稀有，是受高壓及高熱琢磨而成。鑽石受到嚴酷的考驗，才會變得如此美麗、如此珍貴。

　　人只有這麼一輩子……我選擇以完整和喜樂的方式過這一生。我今天活著，便感到喜樂。我熱愛生命……我愛我自己……每個和我有聯繫的人，我也都愛著他們。我發現，我認識的每個人，身上都帶有某些真理和美好。我願多看他們的

優點。老天厚待我。我接受降臨在自己身上的福份，也心懷感激……真的非常感激。我希望全人類都可以得到這樣的美好。宇宙如此豐富，並可以供應每個人。

今天我要釋放過去所有的負面經驗。我愛這樣的自己，也願意將這份愛延伸到其他人。我希望每個人都得其所愛，也希望一切美好都可以降臨在我自己和全人類身上。我們都在同一個地球上生活，是命運共同體。我接受其他人，正如同接受自己一樣。

過去我依據當時情況，試圖做出最佳判斷。有時候回想過去，覺得當初可以下不同的決定。但是追悔過去已經徒勞無功。我是活在當下。我要回想的部分，是要能夠幫助我的現在。現在，我原諒自己過去犯下的所有錯誤，我也原諒所有過去傷害過我的人。因為我知道，不管是怎麼樣的經驗，裡面都包含著祝福。我犯的每個錯，都是讓我更有智慧，也是為了給我更多機會。對於過去的每個經驗，我都心懷感激。我可以釋放……我可以釋放……我可以釋放自己抗拒釋放的想法。我現在釋放我認為的所有錯誤，也釋放錯誤對我的不良影響。去

除那些影響，讓我過得更好。我完全原諒自己，也完全原諒傷害過我的人。他們覺得自己在那時做了對的事情。我從他們的行為學到了經驗，並讓我在某方面變得更堅強。

我期盼明天，但是我活在當下。我認識自己，也了解所處的環境。新的了解讓我心懷感激。我熱愛生命，也經歷了重生。我對每分每秒皆充滿期待，也珍惜每一刻……我感激活著的每分每秒。

我現在看著自己站在偌大的窗前，從窗戶望出去，很難看到外面的草坪、花朵和動物。因為窗戶過於骯髒，堆積了多年的灰塵……負面的想法……傷害……不好的想法……負面的言語……報復的想法……嫉妒……等。

窗戶旁邊有一桶肥皂水和一個長柄滾筒。我將海綿浸入肥皂水，洗淨窗戶所有的污垢，將窗戶清潔得煥然一新。洗淨之後，我看到自己使用滾筒，將窗戶擦乾。現在，透過乾淨的窗戶，外面的一草一木盡收眼底。草坪清晰可見……整個世界也清楚美麗……世界清晰……純淨……可愛……令人想要去愛。我熱愛生命，也熱愛所有活著的一切。而生命也愛我。我

現在看得非常清楚。過去負面的經驗都影響不了我。過去不良後果的經驗也影響不了我的潛意識。我的潛意識只選擇正面的想法……健康的想法……有愛心的想法……活在現在……活在當下。我感到輕鬆……喜樂……樂觀。

　　現在我將恢復清醒……回到完全清醒的狀態。我重新進入電梯。電梯操作員關上電梯門，電梯往上。1樓……2樓……我逐漸醒轉，我帶著嶄新的想法，回到清醒狀態……完全正面的態度……愛自己也愛別人的態度……我將這樣的態度表現於外，其他人也感覺到我的改變。3樓……我感到很美好……很輕鬆……所有重擔都從肩上卸下……我感到自由……感到愛……4樓……5樓……6樓……我覺得心意更新……7樓……我覺得喜樂……8樓……我清楚看到生命的美好……心意更新……9樓、10樓！我現在完全清醒！

第 7 課

操控潛意識 II

打開你的「喜樂中心」

你覺得憂鬱？你想要開心？那就得刺激你的「喜樂」中心。

50年前，杜蘭大學醫學院的神經暨心理學家席斯（Robert Heath）教授，用電刺激嚴重憂鬱症患者腦部的透明中隔（septum pellucidum）地帶後，病患馬上一掃嚴重憂鬱狀態，並重拾喜樂。

席斯教授用一條電線，一端連接病患的腦部，另一端則連上電池。只要按下按鈕，就可啟動透明中隔。當病患情緒不佳時，便可按下按鈕，刺激透明中隔，他們就會轉憂為喜。不過，這個方式有個問題，就是電線常常壞掉，或是接觸不良。另外，打開腦袋接條電線到裡面去，也不是個實際（或是吸引人）的方式。因此，要用這種方式改變心情，其實是不行的。不過呢，刺激腦部的想法，倒是受到藥廠的採用，但是，藥廠用來改變病人心情的藥品，往往有令人討厭的副作用。

刺激你的透明中隔，比使用藥物來得更優，而且沒有副作用。首先你必須知道透明中隔位在何處。它在比鼻樑稍高的位置，想像一條水平線，這個地方就是你的「天眼」（the third eye）。然後，想像另一條水平線，從稍微高於左耳的位置穿過。透明中隔的位置，就落在這兩條水平線之間，這是由纖維構成、非常脆弱的組織。

刺激透明中隔的方式如下：放輕鬆並進入alpha狀態，告訴你的潛意識，你要刺激透明中隔，讓自己變得開心喜樂。你的潛意識知道透明中隔在哪裡。你要表現得真的知道透明中隔的位置，並且相信自己可以變得開心喜樂。將透明中隔的構造，想像成一項脆弱的弦樂器，輕柔地撥弦，力道之輕，彷彿幾乎沒有碰到弦的感覺。就是這麼簡單。下面是我們建議的練習。

練習：啓動喜樂中心

閉上眼睛，讓自己放鬆……深度放鬆。除去所有的緊張。

去除所有壓力。特別注意頭部肌肉，並任其放鬆。你的頭部肌肉現在已經放鬆了。也注意肩膀和手臂，你的肩膀和手臂現在也放鬆了。現在注意軀幹，你的後背、前胸，和腹部，現在都已經放鬆。現在將注意力移到臀部和雙腿。現在，你臀部和雙腿的肌肉也已經放鬆了。

現在，讓腦部放鬆。倒數 3……2……1……並在腦海裡描繪ALPHA這個字。你的意識現在處於健康的alpha狀態，潛意識已經開放，並相當樂意服從任何正面的建議。

進入更深的alpha狀態。我要從10倒數至1。我數到1的時候，你會在最深層的alpha狀態。10……9……8……7……6……5……4……3……2……1。你現在處於深層alpha狀態。

回想讓你曾擁有的快樂時光，想像你的反應，想像你臉上燦爛的笑容，聆聽你快樂的反應。聆聽你的笑聲、感受其中的溫暖、美好讓你全身產生悸動。享受這種感覺……體驗……保留其中的滋味。

你現在想刺激你的透明中隔，這是你的喜樂中心，你想讓自己更快樂。

用你的心之眼，想像你進入腦部，進入你左耳上方的腦部，繼續朝中間走，你的喜樂中心就在那裡，你的潛意識知道位置。

將你的喜樂中心想像成一架小豎琴。現在，輕柔地……以前所未有的輕柔力道，撥弄豎琴的琴弦，並感受到琴弦的振動……感受到快樂……越來越快樂………再度輕柔地撥弦，並很快感受到快樂溫暖的浪潮，很快向你湧來。快樂從你大腦的邊緣系統（limbic system）開始，並透過神經傳送素，將快樂的感覺送達全身。連你的手部，都感覺到快樂。

你的臉上浮起的大大微笑，源自邊緣系統，所以你不能停止笑容。你可以試試看不笑。你越努力試著不笑，你的笑容就越大。停不住笑容沒有關係……你就盡情地歡笑吧……你很快樂。

你想要感到快樂和喜樂的時候……你想要感到積極樂觀的時候……只要進入 alpha 狀態，便輕撥喜樂中心豎琴的琴弦即可。你的豎琴喜歡讓人彈奏，只要輕撥幾下就可以，這個方式非常有效。你的潛意識喜歡感到愉快喜樂。你的身體也喜歡樂。感到快樂對你的免疫系統有幫助，感到快樂有益健康；感到快樂也帶來積極、令人開心的幽默感。感到快樂甚至讓你變得更可愛。感到快樂也讓你比現在更能去愛。

記得你的喜樂中心。你的喜樂中心可以逆轉任何負面的心情，並可以隨時感到積極正面。讓你的喜樂中心積極運作。鼓勵你的喜樂中心。讓你喜樂中心的豎琴，總是彈奏快樂的音樂。讓你的免疫系統自始自終，都是積極快樂。讓你的身體……讓你的全身……所有的器官……所有的肌肉……所有

的關節……所有的神經系統……全部的血液……所有屬於你的部分……身上所有的細胞……都感覺並表現快樂。讓你全身上下散發出快樂的味道。

現在，回到清醒狀態，並開始帶來所有快樂的感覺。這些快樂的感覺，全都屬於你……你可以保留所有快樂的感覺……並爲你帶來最大的好處。

3……2……1……清醒過來，並感覺快樂！

潛意識悶燒鍋

廚師在離開做其他事情的時候，會使用悶燒鍋煮東西。操作悶燒鍋時，是以文火慢煮。你的潛意識每天24小時都在「煮」，並且可以同時執行數兆種事情。所以，你在做其他事情，甚至在睡覺的時候，為什麼不讓潛意識幫你做事呢？

在紐約市合一中心教會（Unity Center）牧會的白特渥（Eric Butterworth），是名非常成功的牧師。他隨興的「即席」講道，可是遠近馳名。嗯嗯，其實這不完全是隨興的「即席」講道，白牧師只是用「即席」二字，解釋他準備講道的方式。

白特渥在上台講道前的一個月，會先在檔案夾上的標籤，寫下講道的主題。然後，他在一張紙上，寫下跟主題相關的所有想法，並把那張紙塞到檔案夾裡。白特渥將檔案夾放在一個特別的抽屜中，然後（讓顯意識）把一切忘記。一個月後，在沒有透過顯意識努力的情況下，他的腦海裡出現了結構完整的講道。

白特渥的方式，是將講道放在潛意識悶燒鍋中。他讓潛意識悶燒鍋去為他準備講道。然後，他的顯意識把此事「忘記」，潛意識卻蒐集、整理這些想法，並把這些想法儲存在腦海中的資料夾。

假設講道的主題是「愛」。下個禮拜的時候，有一名信徒告訴他一個故事，內容是關於一項仁慈的行為，表達了無私的愛的故事。這個故事就被歸檔在那個腦海的資料夾中。之後白特渥牧師讀到了一個感人肺腑的故事，是關於一對年長夫婦奉獻的故事。這個故事也被潛意識歸檔到腦海中的資料夾。他的潛意識同時整理著講道，星期日到來時，白特渥牧師看起來像是未經準備便侃侃而談，但事實上，他的潛意識用整整一個月的時間，幫他醞釀那篇講道。

我任職於航太業時，也曾經將悶燒鍋方式，發揮地淋漓盡致。航太業很難讓你有時間預先完成應繳的報告。每天的工作已經讓我們焦頭爛額，月報、季報和半年報往往排山倒海般襲來，讓我們無法充分準備。

我解決上述問題的方式，是將這分工作，交給我腦海中的悶燒鍋。在報告截止前，我已經努力打好大綱，並將所有想法都記下，這樣做只需要花幾分鐘。通常報告草稿的結構都相當鬆散，所以我只是單純記下想法，並不會特別按照順序加以組織。

我的潛意識悶燒鍋在煮東西的時候，想法會從潛意識蹦出來。例如，我會發現某重要關卡，需要另一項化學分析，要不然

我得割捨許多必要的資訊。然後呢，我在最後一刻開始動筆寫報告時，已經具備所有的資訊，大綱也在腦海中整理完畢。我往往不費吹灰之力，報告就大功告成啦。如果，我沒有提早將報告放在悶燒鍋裡文火慢煮，我一定得在截止期限前，熬夜完成報告。而急就章的報告，內容一定有失完整，結構也不會如此緊密。

下列是我用潛意識悶燒鍋圓滿完成工作的另一些例子。有時我想兼差增加收入。我會請精靈幫我想一些讓我和太太能夠製造並銷售的新產品。

第一項想法是在滑雪時意外浮現。滑雪客當時使用沈重厚實的滑雪鞋楦，支撐滑雪靴。那些鞋楦當初是針對木製滑雪靴設計，讓滑雪靴底部晾乾時，依舊保持平整。不過，現在滑雪靴已經改用塑膠材質，所以已經不再需要鞋楦。

有一天我看著舊鞋楦，心中忽然浮現了一個想法：鞋楦可以用兩條帶子取代，水平的帶子將兩隻滑雪鞋綁在一起，而垂直的帶子，則是不讓水平帶子脫落，還可以讓帶子變成把手。新發明簡便、便宜、耐用，不用時更容易收納。這個想法大為成功，後來演變地過於成功：我們夫妻倆一開始製造的量並不大，只有一家小通路商訂了1萬個產品。最後，我們甚至無暇管理這項小事

業，因為沒有時間處理訂單、出貨、下單等庶務。

另一項賺錢的點子，則是在購物時想到。我那時騎腳踏車上班，並使用那種小得可憐的後照鏡，接在你的眼鏡或帽子上。這麼小的視野不但不方便，而且還很危險。你得隨機調整頭部，才能掌握後方路況。而一邊調整頭部，一邊觀察鏡子照出的路況，一邊又騎腳踏車，實在很是不安全啊。

有一天我去商店買東西的時候，剛好看到店裡賣女士放在皮包的小鏡子。通常我不會去注意女生的鏡子，不過，那時候，潛意識被交代要找新點子，所以這個點子立刻浮現。我買了十幾個鏡子，帶回家，並設計可以掛在手腕上的後照鏡。新設計可以讓我在不用調整鏡子角度的情況下，看到從膝蓋到另一邊的人行道。所以這是絕佳的腳踏車後照鏡。

大約一個月後，我得移除潛意識的悶燒鍋功能。因為我的筆記本裡面有太多新點子。這些點子都很有潛力，但是我沒有時間，也沒有興趣成為兼職的生意人。

李爾（Bill Lear）是將潛意識悶燒鍋發揮地淋漓盡致的代表，並因此在21歲以前，賺進了人生的第一個百萬美元。他在柯利爾

（Robert Collier）撰寫的《宇宙心靈力量》（*The Power of Universal Mind*）學到上述方式。他的方法很簡單：一，就某問題，將你可以取得的所有資訊，提供給潛意識。二，要求你的潛意識提供解答。三，把問題忘記，去做別的事情，例如可以好好放鬆一下。在21天內，問題的解答就會自動浮現到你的腦海。

李爾只念到中學二年級就輟學了，不過他卻發明了車用收音機。他可能沒聽過大學教授曾在研究報告中宣稱，轉換線圈無法塞在車子裡。他還用他的潛意識，發明了下列產品：

- 八軌道磁帶（1960到1980年間通用的錄音帶）
- 電動揚聲器
- 自動駕駛儀
- 方向定位儀
- 對講機

此外，他還持有148種專利。

曾有某航空巨頭對政府表示，該公司有意成立一個十人航太小組，並斥資1億美元，設計小型商用噴射機。之後李爾和他的小團隊在兩年之內，用1千萬美元，就完成產品設計。第一年的營收

高達 5 千 2 百萬美元。

你也擁有一個可以為你解決問題的精靈。使用精靈悶燒鍋，不但可有效節省時間精力，也不用花一毛錢，就可輕鬆將事情搞定。

想像法

想像法是很有效的方式。你可以單獨使用，或是整合其他方式，驅策你的精靈為你做事。

想像法的適用範圍包山包海：你可以用來提高學校成績、治病、改變習慣或個性、達成目標，並讓你的運動神經變得更好。

想像法已經普遍用在運動界。這是奧運選手訓練的一部分。很多運動選手在成名前，也使用想像的方式。棒球選手在投球前，想像球飛過本壘板的樣子。高爾夫球選手在揮桿時，也想像揮桿後，球飛行的方式。籃球選手在投球入籃前，也想像自己射籃和防守的英姿。

障礙滑雪客通常無法實地練習，因為練習會帶來凹痕，對滑雪道造成損傷。所以他們走在滑雪道上，並記下行經的路線。然後，他們坐下並想像沿著滑雪道往下滑行的經過，並練習每一次

轉彎。如果你看到某位滑雪客在做白日夢，你可能會看到這名滑雪客在想像轉彎時，肌肉抽緊的過程。

　　西門頓夫婦（Stephan Simonton and Stephanie Matthews-Simonton）是用想像法治療癌症末期病患的先驅。西門頓夫婦先讓病患放鬆（就是進入alpha狀態），並要求他們想像自己的身體在對抗癌症。每個病人都要使用自己的方式對抗癌症。例如，家庭主婦可能會想像自己進入癌症區，並使用超強吸塵器，把癌細胞吸光，因為家庭主婦可能對吸塵器特別有感覺。警察的想像方式，則可能是持槍進入癌症區，掃射癌細胞。軍人可能會選擇坦克和噴火器。越貼近生活的方式，就是越有效的方式。最好的感覺來自潛意識，所以，讓你的潛意識為你選擇方式。

　　西門頓的第一批病人中，有一名67歲的喉癌重症患者。他的體重從130磅（約59公斤）下滑至98磅（約45公斤）。癌症讓他的吞嚥和呼吸都有困難。

　　他未來五年的存活率是5％。西門頓要他每天使用想像法三次，每次想十分鐘。同時，他也接受標準放射療程。他將放射線想像成數百萬顆子彈，並想像癌細胞越來越軟弱，最後棄械投降。他想像自己正常的細胞越來越強壯，並抵抗子彈。他也想像

自己的白血球大軍蜂擁而至，殲滅了癌細胞。

　　這位病人的癌細胞在兩個月後消失無蹤。如果不用想像法，癌症是否究竟可以治得好，其實無從證實。不過這名病患認為，沒有使用想像法，他的癌症不會好。從癌症康復激勵他再下一城，這名病患只用想像法，就治好了自己的關節炎。

　　坊間有不少書籍提到想像法，不過往往講得很複雜。其實方法很簡單：進入alpha狀態，並想像你要的結果即可。當然，應用前四課所學到的基本原則，就是情緒、重複、期待和正面思考。並且用所有感官去想像這一切。當你結束想像過程後，記得謝謝你的潛意識並放手。不要在beta狀態下想這一切，因為你的顯意識可會播下懷疑的種子。

　　在我擔任工程師不久，曾經就一項核能計畫的重要部分，採用了原創的實驗方式。而我被要求說明採取原創方式的理由，因此我面臨了兩層問題，其一，我才剛從學校畢業幾年，卻膽敢揚棄傳統，使用新方法，可能會面臨前輩的懷疑。其二，我對公開演講，一向是避之惟恐不及，卻得在40名聲名顯赫的科學家面前演講。我在alpha狀態下準備並練習演講，並想像觀眾以友善、

同情的態度看著我，還對著我頻頻微笑。我知道他們理解我的想法，並可以看到此法的優點。我甚至想像，演講結束後，他們報以熱烈的掌聲。

當我進行演講時，我表現得很有自信，心情也很放鬆。就是因為心情很放鬆，我的思路非常清楚。演講大為成功，系主任在我的員工資料留言表示，這是一場精彩的演講。他還說，他第一次在系上看到觀眾拍手叫好。從那時起，我再也不害怕公開演說的場合了。

在選擇想像的影像時，讓你的潛意識引導你，它比你更知道，用什麼方式會讓你做得更好。另外，在想像的時候，記得使用你的五官，並設法挑起豐沛的情感。如果你想不出優質的影像，可以考慮去雜誌尋找彩色生動的照片，我有一張出自《生活》（*Life*）雜誌跨頁圖片，有一艘小拖船引導大型貨輪入港的畫面。這是我的顯意識領導潛意識的景象。我還有另一張跨頁的照片，上面是火紅的太陽，在午後燦爛地高掛天空。這張照片代表我的潛意識力量無窮。

想像法可以為潛意識帶來無限可能。所以，好好使用！

孩童

孩童對寫入的程式往往照單全收。所以善用他們（和你們）的優勢。在第2課，你學到新生兒配備空白硬碟（潛意識部分的哺乳腦），並願意安裝新程式。為人父母者，應好好記住這點。我們應該允許並鼓勵孩童嘗試新的事情，並讓孩童處於各種色彩、活動、聲音、字彙和音樂的刺激。大人應該讓他們接受正面、並建立自信心的建議。

孩童不只應該多接觸外在的世界，言語對他們而言也是很重要。本書課程教導你的方式，不只可以用在你身上，讓你變成你想要成為的人，也同樣適用在孩童身上。告訴孩童你希望他們成為怎麼樣的人。每次都給他們正面的想法，絕對不要輸入負面的想法。

絕對不要對他們說：「不要這麼笨拙。」「你沒辦法做對嗎？」「你就是學不會是不是？」如果一再帶著情緒，重複這些負面想法，這將會寫入他們的潛意識。就算你只是帶著開玩笑的態度：「你以後會成為一個娘兒們。」「你這死小孩。」或是「你真是個蠢女生。」，這些話都不該講。

有兩項方式對孩童特別有效。第一是在孩童臨睡前，對他們講帶有許多正面想法的短篇故事，或是偉人傳記。睡眠學習的效果還有待驗證，不過我會把故事錄下來，在孩子們睡前甚至睡著後，小聲地播放。

▌編故事。

這個方法很簡單。你編的故事可以針對孩子們特別設計。例如，你可以講某個快樂的家庭，和樂地共進晚餐。每個人都很開心，都有機會講今天發生了什麼事情。席間每個人都很有禮貌，發言時都口齒清晰。孩子們都知道父母愛他們，也給他們自信心和安全感。

另一個故事，則是每個人都有長處。這個孩子在發展自己的天分。把某事做得比別人好，帶給多數人自信心和榮譽感。他們看到努力的價值，就會用更有效率，並花更多時間努力，發展自己的強項。

▌第二個方式，是播放他們喜歡的音樂，或是講好笑的故事給他們聽。

音樂或故事進入右耳後，透過神經傳到左半腦。在「右腦、左腦」理論中，左腦掌管邏輯和理性，這是顯意識的特徵。

當左腦全神貫注地欣賞音樂或故事時，對著他們的左耳，輕聲道出正面的想法。這些想法會進入右腦。右腦掌管情緒和全面思考，這是潛意識的特徵。因此，這些正面的想法，會跳過主掌分析的顯意識，直接進入不擅分析的潛意識。

單詞建議

詞彙含有兩種意義。第一種是字典上的定義。另一種則是該詞的弦外之音。這些弦外之音超乎邏輯的定義，並與個人的情感產生連結。例如，「旗子」是一塊代表國家等機構的布條。但是，我們在想到「旗子」一詞時，相關的想法、情緒，和影像可能都會從潛意識中湧上心頭。

這些弦外之音和影像都可以跟單詞連結，對我們帶來幫助。

■「試」

「試」的另一層意思就是想做卻沒去做。試著在你伸手可及的範圍內，撿起一樣東西，比如鉛筆。你拿了嗎？如果你拿了，就是沒有「試」著把東西撿起來。所以，當你「嘗試」撿東西，就不會成功把東西撿起。因此，在你的潛意識中，「試」的意義是「失敗」！

現在你知道此詞的弦外之音啦，那為什麼還要繼續使用「試」這個字呢？不要用啦！如果你問莎莉可不可以在早上6點抵達教會幫忙布置，而她說：「我會試著在早上6點到。」這表示她不會到。如果你問雪莉，他說「我會到」。你就可以靠她幫忙。

儘量不要用這種沒營養的詞。首先，你讓自己失敗。第二，總是有更好的詞。為什麼要試著做某事呢？去做就是了。為什麼要試著釘釘子呢？去釘釘子就是了。為什麼要試著讀一本書呢？去讀那本書就是了。為什麼要試著上大學呢？用功讀書進大學就是了。為什麼要試著成為更好的人呢？成為更好的人就是了。

有兩個可以使用「試」的例外。一個是寫作的時候。想要把文章寫得清楚易懂，需要用簡短的字。「試」便符合此要求。有時候「試圖」（attempt）、「奮鬥」（strive）或「力圖」（endeavor）這種字，不夠簡明易懂，因此必要時，你可以用「試」這個字，但是不要用在日常對話中。

第二個例外，是你可以用「試」表示「測試」。回想你使用「試」的情況，大部分都不是「測試」的意思。所以不要在例外的情況下使用「試」這個字，而是用更精確的詞。不要「試」一口派，而是「嘗」一口派。不要「試」其他的報紙，而是去「讀」其他的報紙。不要「試」另一部車，而是「開」另一部車。

▋「刪除」

若電視廣告說：「當你下次感冒時……」立刻使用「刪除」一詞。若某人說：「你看起來不太好。」立刻想像「刪除」的畫面。想像負面言語，從你螢幕上刪除的畫面。選取這句負面言語，並將其「刪除」。你不要讓這些負面言語，影響你的潛意識。「刪除」這個指令，是命令你的潛意識，去忽略剛剛說過的話或看到的景象。

▋「取消」

取消和刪除的使用情境一樣。你還可以透過想像閃著霓虹燈的鮮艷「取消」看板，增加「取消」一詞的力量。

▋「完成」

有時候，繁重的工作擺在我們面前。你去上班的時候，是否曾經看到堆積如山的文件攤在桌上？或是下課後，得在當晚完成一項很大的功課？很多人往往不戰先敗，浮出了「我怎麼做得完？」或是「我一定做不完！」的念頭。

不過，你應該去想像「完成」。這個想法適用於當下的情境，因為你要你的工作「完成」。「完成」就是在當下變得忙碌，而不

去覺得自己很可憐。你覺得工作太多的時後，就想著「完成」一詞。然後透過想像自己在乾淨的桌上跳舞，或試看到你自己將完成的作業交給老師的畫面，增強「完成」一詞的力量。

▌「這樣會」

庫威（Emile Coue）將病人成功解除疼痛，主要歸因於「這樣會」一詞。他要病人說：「這樣會快十倍。」庫威醫生跟病人解釋，要用最快的速度說「這樣會快十倍。」，不給顯意識思考的機會，而說「這樣會」，會比快速說「這樣會快十倍。」更快。因此，我們選用「這樣會」這個想法，植入潛意識。

▌「退去」

這個字眼用在任何疾病，例如感冒或傷口上。

▌「改變」

當你擔心某事發生，或是腦中有負面想法盤桓不去時，想著「改變」一詞。想著「改變」，並轉移注意力。你只可以一次想一件事，所以想著別的事吧。改變你的想法，並訓練自己，思想正面的事情。想著令你快樂、並吸引你注意力的畫面，像是回味特別的假期等。

▌「失去感覺」

手指被車門夾到時，你的反應是「哎唷！」所以「哎唷」一詞含有吃痛的感覺，並伴隨著你不想要的痛感。所以，疼痛時你應該練習用「失去感覺」一詞回應。

▌「正常」

手指被車門夾到時，你的體內會釋出液體，前往夾到的地方，並開始發腫。通常，腫疱比被夾到還糟糕，所以把「失去感覺」和「正常」合在一起用。

▌「乾」

如果你快要開始流鼻涕，想著「乾」和「正常」兩詞，並聯想「乾」的畫面。記得電影《英倫情人》（The English Patient）開場時，男主角低飛經過撒哈拉沙漠的畫面嗎？一望無際的沙漠，完全沒有任何植物。這就是「乾」的影像。

▌「到位」

需要更有創意嗎？那想著「到位」一詞。想著「到位」一詞時，想像點子從稀薄的空氣中插入你的腦中。

還有許多其他的單詞建議可用來植入潛意識。如果此詞對你有特殊意義，那會更有力。例如，你要讓顯意識和潛意識一起合作。可以想著「一起」時，想像兩個人彼此擁抱、兩個人合作無間地一起打排球。或是兩名伐木工人合作鋸木的畫面。現在你每次想到「一起」時，就會啟動力量，並提醒你的顯意識和潛意識「一起合作」。

　　而且，為了讓你的單詞建議更有力，你甚至可以編一個故事，並進入故事的情境。故事帶給潛意識智慧和力量，對潛意識的影響，比話語或靜態的畫面，還來得更大。千百年來，作家和說故事的人都使用寓言，因為寓言帶來重大的影響力，讓人難以忘懷。

　　下面是用「一起」這個建議串起來的寓言。

　　有位農夫擁有1百頭閹牛，但是不管農夫多用力地用鞭子趕閹牛犁田，閹牛就是不肯。有一天，農夫發現其中一頭牛會講話。這隻牛告訴農夫，牛群不願工作，是因為農夫下了矛盾的指令，虐待牛群，並沒有誇獎牠們的工作成果。農夫變得有智慧和有同情心。他先把牛隻集合在田裡。然後對牠們解釋說，如果牠們願意「一起」工作，農夫就會大大感謝牠們，讓牠們在漫長寒冷的

冬天，住在穀倉。他還說，如果牛隻接受指令，並「一起」工作，犁田其實不費吹灰之力，因為團結力量大。牛隻接受了農夫的看法，最後變得很有生產力。

現在你想到「一起」一詞，潛意識就會更有印象。自己編的寓言，會比別人編的寓言，帶來更深的印象。

下面是另一個寓言，目的是去除所有多餘的包袱，例如，怨恨、嫉妒、遺憾、為完成的夢想，和錯誤的決定等。

有一位面容憔悴憂愁的老人，經過一個村莊。這位老人吸引了很多人圍觀，因為他身上掛了很多包袱。有一個小男孩不知道問問題有點失禮，因此叫住那位老人，並問他為什麼要背著鐵製的火爐。老人說：「喔，那個啊，我真的不需要這樣東西，而且這樣東西好重，所以我把火爐留在這裡好了。」老人繼續走了一段路後，又有一個老太太叫住他，問他是否需要捲髮器。他說：「我不知道我有這樣東西。」所以，他將纏在腰間的捲髮器解下，開開心心地送給了老太太。再過一會兒，有名年輕人走向他，並問老人是否可以把頂在頭上的鐵砧板賣給他。老人回答：「我已經太習慣把鐵砧放在頭上，所以我已經忘了他的存在囉。你只管將鐵砧拿走，我很

高興可以擺脫這樣東西。」老人經過村莊，把所有讓他不開心的東西卸下。老人非常感激幫他卸下重擔的人，因為重擔在他的生活中，造成了困難和不健康。他腳步輕快，笑顏逐開。他一路吹著口哨回家，並在那裡過了好幾年開心、圓滿和健康的生活。

取代你的負面想法

「你想變成什麼樣的人，就朝那方面想。」大部分的時候，正面思考很容易。但是，還是有某些時候，某樣煩惱或病痛，還是一直壓在你心頭上。這時候，記得你一次只可以想一件事，你的顯意識有自由意志。所以你可以選擇要想什麼。這邊是幾個讓顯意識擺脫負面想法的點子。

首先，進行所有你能想到的直接活動。不要打破自然循環：能量→想法→直接活動→休息→能量→……等等。進行正面的活動，可以在兩部分幫助你。

第一，你可以用積極的方式消耗能量，而非壓抑能量。第二，每次你的顯意識纏繞負面的想法，就用下面的想法取代：

- 想像正面的「單詞」建議。
- 想像笑臉符號。

- 想像愉快的景象，例如你度過快樂時光的地方。

- 反覆對自己說正面的話，例如，「我很快樂。」如果你有宗教信仰，可以說：「上帝是我的力量。」

- 唱一首快樂的歌曲。

- 對某人或某團體表示愛心。

- 想一個和主題相關的故事或寓言。自己編一個反應當時狀況的故事。

- 刺激你的喜樂中心。

你沒有藉口一直沈浸在負面想法。

壞事可以覆蓋

覆蓋是用正面的想法，取代嫌惡、恐懼或是壞習慣。操作方式如下：進入alpha狀態，在腦海中描繪你不喜歡的事情，例如被困在車陣中。現在，把這幅景象縮成郵票大小。然後，想像愉快的景象或是經驗，並加上強烈的情緒，讓這幅景象在腦海中停留數秒，並重複同樣的步驟數次。下次你困在車陣時，你的神經系統，就不會以負面的想法反應，因為這個負面想法，已經和正面的情緒連結。

另外一個方式，是在一張紙上寫下讓你困擾的事情。把眼睛閉上，進入alpha狀態，並且想像非常正面和快樂的事情。然後將眼睛張開，並看著你在紙上寫下的東西。重複三次。現在，當負面的事情發生，你會把這些事情跟快樂的情緒連想在一起，這些負面的事情也就不會那麼困擾你，讓你可以客觀看待不愉快。

　　這個方式可以有效遏止不當的依賴。例如戒巧克力糖。你可以將眼睛閉上，進入alpha狀態，並想像有很多巧克力糖，並縮小想像畫面。現在，想像外觀和巧克力糖一樣的東西，裡面卻很噁心。這個東西聞起來很臭，摸起來黏黏的，很噁心。如果你夠勇敢，可以嘗嘗看。這個念頭讓你渾身起雞皮疙瘩，光想你就快要吐出來了。重複三次。

　　正面思考大師羅賓斯（Anthony Robins）也提出覆蓋的方式，不過，方法稍有不同。他建議你在腦海中，描繪一件你想改變的事情。假設你要改變貪食的習慣，你想像自己狂塞食物的景象，讓你自己變得像豬一樣。並看著你狼吞虎嚥的樣子，是多麼噁心的畫面。你吃太多以後，感受這種噁心的感覺。

　　然後，在你腦海中螢幕的右下角，放一個非常小的螢幕。在那個小螢幕中，播放你飲食正常，還沒到十分飽，就住口不吃的

畫面。這樣的飲食習慣，讓你感覺良好。體驗並思量健康的感覺。看著自己飲食節制的畫面。自制帶給你感覺良好。然後，很快地把正面的小螢幕放大，並取代貪吃的大畫面。

你可以採用這個方式幾天，以加強正面習慣的力量。記得想像美好的畫面時，要加上正面強烈的情緒。

表演

表演是運用潛意識的有力工具。我之前提過，有位教授在PBS的紀錄片上指出，催眠其實就是演戲。

表演好像有無窮的可能性。當你在演戲時，一切都變得合邏輯。我可以要你相信你的手黏在額頭上。這不可能也令人難以置信，我們不可能對此相信，但是如果我要你演得好像你的手黏在額頭上，你可以輕易做到。表演不需要信念或信心。

回想你的潛意識可以找到方法，達成你交辦的事項。所以，如果你覺得憂鬱，就是命令你的潛意識覺得憂鬱。感到憂鬱並不健康，所以你應該極力避免。但是，要你的潛意識快樂起來，可能讓你難以置信。如果這難以相信，你可能就有些許失敗的恐懼。失敗的恐懼可能會壓過想要快樂的意念（反效果法則）。

但是你可以演得好像你很快樂。演出快樂的樣子，可以助你

達成兩項目標。其一，這會給你潛意識指令：達成快樂的目標。其二，這會讓神經傳送素，從人體傳遞快樂的感覺到大腦，告訴大腦你很快樂，之後大腦會回傳快樂的感覺到人體，讓身體也感到快樂。俗諺「表現快樂就會真的快樂」是有科學根據的。研究證明，神經傳送素進行雙向傳送。當你覺得快樂，潛意識就會要身體表現快樂。相反地，當你的身體表現快樂，身體的細胞就會回傳到大腦，讓大腦知道，你很快樂。

當你生病的時候，表演出你很健康的樣子，比相信你真的健康，來得更容易。如果你不對潛意識下達健康的想法和目標，那你就是下達生病的目標。所以，學習演得更像一點吧……

表演練習：顯意識／潛意識一起合作

閉上眼睛。

進入alpha狀態……3……2……1。「ALPHA」

抬頭20度，並看著一個小黑點。

想像這個小黑點離你越來越近，變得越來越大，並環繞在你身邊。你環繞在黑暗當中，並想像你身處一個暗房。

這是你的避難所……你在這個地方可以思考時，帶著和諧的能量……要達成單一目標的能量……你在這裡可以改變壞習慣，並排除負面想法。

現在想像禮堂的舞台。

你是導演，並從觀眾席觀賞演出。

舞台上的演員也是你。

你發現有兩個你在表演。

其中一個由顯意識引導，另一個由潛意識引導。

他們合作不大順利。

不願意聆聽彼此的聲音。

他們在吵架，合作得非常失敗。

顯意識下指令，潛意識卻對指令忽略不理。

潛意識能力很強，顯意識卻多所挑剔，吹毛求疵。

顯意識知道什麼對身體最好，潛意識卻感情用事。

你看到潛意識吃太多，只因為食物美味。

你看到身體因為負面和謬誤的情緒，導致身體不好。

你這個導演看到太多應該改進的地方。所以你堅定地大喊：「停下來，夠了！」你提出了下列要求：

從現在起，你們兩位，就是顯意識和潛意識，必須團隊合作……一起工作……一起表演。

從現在起，你們必須以有建設性和愛心的方式，彼此溝通。

從現在起，你們要彼此相愛……這是自然之舉……因爲你們住在同一個身體。

從現在起，你們必須爲自己最大的好處……身體最大的好處……和其他人最大的好處，帶著愛心合作。

從現在起，顯意識發號施令……但顯意識是位有愛心的老闆……無私……只願意接受，對潛意識和珍貴的身體最有裨益的想法。

從現在開始，顯意識清醒的時候，只願意接受健康、正面的想法。

顯意識常常跟潛意識對話，並給予正面、良善的目標。

潛意識以最快速、最容易的方式，樂意完成每個目標。

潛意識讓你的身體健康有活力……所有舊的負面情緒現在都隨風而逝了。

潛意識和顯意識現在合爲一體。

現在，走向你的身體，並進入你的身體。

從你的雙眼看出去，看到了舞台。

感受顯意識和潛意識之間的親密友誼，雙方一起合

作⋯⋯也彼此相愛。

看著你自己⋯⋯你的顯意識和潛意識正在為你最大的幸福，一同表演。

演得好像你可以治好任何疾病，或是解決任何困境。

演得好像奇蹟在你的生命中，是家常便飯。

演得好像你的顯意識在潛意識的協助下，可以完成任何事⋯⋯演得好像沒有什麼難成的事⋯⋯演得好像你有絕對的信心⋯⋯無與倫比的堅定。這樣的表演非常順利。

現在，想像潔白、帶著愛心的雲朵，籠罩在你的頭上，這代表愛，這股和諧的能量，出自單一來源。

這朵雲從你的頭開始，將你全身罩起。

你和自己合一，並感到完整。

現在，一切都發出金色的光芒。

金色的光芒代表和諧⋯⋯潛意識和顯意識之間的和諧⋯⋯你和外在世界的和諧⋯⋯你和內在自身的和諧。

感受到這股金色的光芒，並演得好像你有絕對的把握，知道這樣的和諧，從現在起，會持續存留在你體內。

現在，回到暗房。

看到黑色逐漸縮小，再度變成你頭上的黑點。

黑點漸漸離你遠去，並且漸漸消失。

1……2……感到煥然一新，並精神愉快……3，你現在完全清醒。睜開眼睛並微笑。

表現出開心、有活力和精神飽滿的樣子。

第 8 課

操控潛意識 III

用經典制約找回身心健康

在我開始解釋制約的「經典方式」以前，我要先介紹潛意識的另外兩項工具，分別是「啟動裝置」和「快速播放」。

啟動裝置和制約反應

巴夫洛夫（Ivan Pavlov）因為制約反應的經典實驗而榮獲諾貝爾獎。即使大部分的讀者都對此實驗了然於胸，不過這個實驗很重要，所以讓我們再回顧一遍。

巴夫洛夫對著飢餓的狗拿出食物，狗因此流口水。他對飢餓的狗拿出食物幾次後，只要每次拿出食物，他就會搖鈴，讓狗被鈴聲「制約」。狗受到鈴聲制約後，每次巴夫洛夫搖鈴，狗不用看到食物，就會流口水。

換句話說，看到食物流口水的反應，已經移轉到鈴聲，這和食物和飢餓已經沒有太大關係。鈴聲和流口水，並沒有先天的關聯。

假設有個孩子看到下面充滿情緒的戲劇化景象：母親看到廚房有老鼠，因此失控尖叫、並在廚房裡用掃帚追打老鼠，並敲打椅子。假設有個孩子看到這幅充滿情緒的景象，30年後的有一天，她看到老鼠時，便啟動了制約反應，讓她開始尖叫並很緊張。

「啟動裝置」就像是電腦螢幕上的小圖示，是應用程式的捷徑。應用啟動裝置的實例如下。吩咐潛意識做事的關鍵，是進入alpha狀態。我們要透過一長串的放鬆程式（就像前面課程介紹的練習），才能達到alpha狀態。當你放鬆並進入alpha狀態時，你設定了一個啟動裝置，就是「ALPHA」這個字。練習放鬆數次後，你應該可以被這個字制約，被制約後，你就不用透過整套課程進入alpha狀態，只要打開啟動裝置即可。深呼吸、放鬆，並想像自己對自己說「ALPHA」這個字，你就可跳過課程，直接進入alpha狀態。

　　你要練習幾次，才能制約自己呢？這因人而異。有些人只要練習幾次，就可進入alpha狀態。而你應該定期增加制約強度。不過，這也沒有一定的標準，順其自然就好。如果你一定要知道準則，問你的潛意識，制約強度是否足夠（請見第5課）。

　　另一項啟動裝置，則包括使用大拇指和食指放鬆的制約課程。就算是短時間內的全身緊張，也沒有必要。就算是一流運動員，也不會全身緊張，只會用必要用到的肌肉進行比賽。你的拇指和食指每天都會對合很多次，這兩根手指每次碰在一起時，都提醒著你的身體要放鬆。

卡新斯曾寫了一本書，提到他如何用笑聲刺激免疫系統，治好自己的絕症。他出了醫院，便進去汽車旅館，在旅館房間內觀賞好笑的節目。笑聲刺激他的免疫系統，當然也讓他遠離憂鬱，而憂鬱會阻擋免疫系統工作。

卡新斯並未使用啟動裝置，但這其實是個不錯的想法。假設他每次看好笑節目時，都看著笑臉。他被笑臉制約後，只要看著笑臉，就可以刺激他的免疫系統運作。他就不需要將整套好笑節目看完。然後，他還可以在家裡、車內、和辦公室懸掛笑臉圖案。每次他看到笑臉圖案，免疫系統就會受到刺激。

科學家在老鼠上，進行了某項類似的實驗。有一群老鼠被注射某種刺激免疫系統的化學藥品，並讓牠們被樟腦的味道制約。另一群老鼠則被注射另一種妨礙免疫系統的化學藥品，也讓牠們被樟腦的味道制約。所以，兩群老鼠都被同樣的啟動裝置制約，但是卻呈現相反的回應。一群是增強免疫系統，另一群則是妨礙免疫系統。然後，兩群老鼠都被注射致癌藥劑。當他們被注射致癌藥劑時，都暴露在樟腦的味道下。被制約刺激免疫系統的老鼠，可以抵抗癌症；被制約阻礙免疫系統的老鼠，則得到癌症。

例如，自信心的啟動裝置，可能是老羅斯福總統的相片。我則是使用松樹的照片。我的健康課程（大概需要花費15分鐘的時間朗讀），是使用松樹圖片制約。松樹對我深具意義。松樹壽命長，並可以在嚴酷（高緯度、嚴寒、炎熱、並乾旱）的氣候條件下生存。對我來說，松樹是堅強的寫照。建議你最好使用可以挑起你情緒的啟動裝置。

啟動裝置可以是文字、圖像、色彩或是動作（例如觸碰手指或是眨眼）。也可以使用聲音和味道。我也會使用綠色啟動健康課程。每次我看到或想到綠色，就會啟動整套健康課程，而我每天會看到綠色幾百次。

快速播放

愛因斯坦曾說過一句名言：「時間是相對的。如果一個辣妹坐在你大腿上一分鐘，你可能會覺得只過了十秒鐘。但是如果你坐在燙熱的火爐上十秒鐘，你可能覺得過了一分鐘。」

你第一次開車走新的路線，可能覺得特別漫長。那是因為，一切都是新的。你暴露在千百種不熟悉的刺激下。第二次你開車走同一趟路線，可能會覺得比較短，因為同樣的刺激，帶來較少的新鮮感。

相對時間的差距，在潛意識中更為戲劇化。一個對某中西部大學生進行的實驗，表現了上述戲劇化的情況。一群學生接受催眠後，被要求在腦海裡採下一定數量的水果。我不記得實驗細節。假設水蜜桃果園共有1百棵樹，每棵樹上有十顆水果。

　　假設，他們第一次花了十分鐘的時間摘水果。第二次被催眠後，只花了一分鐘，便摘完同樣數目的水果。第三次又重複相同的實驗。這次他們只花了一秒鐘。

　　李恪朗（Lecron）也提出類似的實驗。他催眠一位女士，並要求她在腦海裡回溯電影《亂世佳人》的情節。這位女士看過很多次《亂世佳人》，這部電影很能牽動她的情緒。當這位女士回顧完電影情節時，可垂下手表示她已經完成。這名進入催眠狀態的女士，馬上將手垂下表示完成。李恪朗將女士叫醒，告訴這名女士，他的意思是要回溯整部電影，結果女士說她已經回溯完整部電影啦！

　　我們的腦海為採水果，或是回顧一部挑起人情緒的電影等，形成了神經傳導路線後，整個回溯過程可以在一瞬間結束。這稱為「快速播放」。

　　本課後面介紹的部分，會用到「快速播放」這個壓縮時間的功能，這將對你帶來幫助。

最具效果的潛意識使用方法

我認為「經典制約」是對潛意識最有效的制約方式，在改善健康、帶來成功和改變人格等都會有幫助。經典制約很容易，但制約比其他方式，需要花費更多的時間，因為這需要花時間預備建議。首先，我們先來回顧幾個重點。你不會改變，而是取代潛意識的程式。兩個建議中，你的潛意識只接受一種。如果你的潛意識被制約相信你很害羞，那你必須用新的程式制約潛意識，帶給你沈穩和自信。如果你的潛意識被寫入的程式，是相信你每年冬天會感冒一或兩次，在壓力大的時候會頭痛，也很容易感冒，那你需要為潛意識寫入新程式。新程式的內容是關於健康、強壯、並且擁有強大的免疫系統，足以讓你身體康泰。

如果某人50歲，此人的潛意識可能50年來，都認為某事為真。為了要在短時間內壓制50年制約的不當想法，一定需要一個非常有效率的方式。制約必須在alpha狀態完成，並使用簡明易懂的建議，並需要一再重複，直到這個想法在潛意識中成為優勢意見。

新想法需要制約你的潛意識不只一次，才能壓過現存的負面意見。每個人情況都不一樣，所以並沒有一定的規則，一定得要

制約潛意識幾次。我的建議是，一開始每天一到兩次，進行一週；然後每週一次，進行一個月；之後一個月一次，進行一年；最後一年一到兩次。

第一步：寫下植入意見

進入潛意識的意見，必須要包含新想法的所有層面。例如，我曾經寫下「健康」這個範圍廣泛的意見，這也是本課後面的練習。這個意見長達數頁。保持健康對你來說非常重要，所以你必須確保你用積極、健康的意見，取代了潛意識中的每項負面想法。

你可以將本課教導撰寫意見的方式，當成起步的參考點。針對你的需求改寫，可能需要縮短或加長。並使用對你有意義的影像。例如，若你要增強腎臟的過濾能力，假設你是化學家，你可能會想像你身在實驗室，使用複雜的過濾技術。但若你是家庭主婦，便可以想像用濾網或布條過濾柳橙汁，除去渣滓和果肉的影像。

注意用字

大部分來說，文字是顯意識的工具。文字是你幫潛意識生產建議的工具。所以，要注意的是，用字是喚起影像和感覺的工

具。使用文字去描述行動，並描繪出栩栩如生，喚起你強烈情感的影像。

寫下「我很健康」這樣的意見雖然不錯，但是下面的更好：

「我看到自己閃閃發光、步履輕盈地走在一座漂亮的公園，這個公園種植了萬紫千紅的嬌艷花朵。我看到黃色的三色堇，有著脆弱的花莖，也看到強韌的藍色水仙花。我完全享受生命。我享受自然之美，感到天人合一。我感到一股強健的生命力，流過身體各處，就像是身體裡有小小的閃電流過一樣。我很快樂，我看到自己邊走邊大笑，因為我知道自己活得很好、精力充沛、身強體健。快樂和正面的想法，刺激我的免疫系統。我想像自己的細胞在彼此交談，也和潛意識對話。我謝謝我的細胞，因為它們和免疫系統溝通，讓我保持健康，讓我的身體機能運作地很順暢。」

「我想像自己的白血球在我身體的各處巡邏，捕捉不受歡迎的外來細菌、病毒或是對我健康有害的物質。當它們認出不受歡迎的致病細菌時，馬上像電玩『小精靈』一樣，攻擊並殲滅有害物質，吞滅所有壞人。我看到巨噬細胞像是小型吸塵器一樣登場，進行清理工作。我看到它們讓我的血液保持健康純淨。我的免疫

系統擁有巨大的硬碟，可以認出數百萬計外來物質，只要這些有害物質侵入血液，我的免疫細胞馬上將其移除。我的免疫系統武功高強，我愛我的免疫系統，也謝謝它。」（你可以把免疫系統擬人化，給它形體也幫其配音，然後直接跟免疫系統對話。）

「我感到自己的心臟輕易地、不費吹灰之力地，就可將血液送到身體各處。我覺得自己的心臟非常強大有力，我看到紅血球將養分送往每個細胞。心臟很樂意將血液壓到身體各處，帶給每個細胞養分。我感謝心臟信實地服務我，我想像心臟報以微笑，它很樂意也喜愛將營養送往每個細胞。我的動脈和血管大大張開，也很有彈性。血液將補給送往所有細胞和器官，供給他們養分，讓他們可以高效運作。我的血液也帶走所有廢物，維持細胞的健康。我祝福我的心臟和血液……」等等。

感謝並祝福所有細胞、器官、骨頭和身體所有部分。用誇張的修辭表現你的情感。極盡諂媚之能事。盡情讚美。忘掉你在寫作課學的一切。不用注重文法正確。儘量涵蓋你想得到的一切，也必須讓你能看到，並感覺到你述說的一切。

要實際

對於你想達成的目標，要勇於開口。但是目標要實際，不然你可能會感到沮喪，並失去信心。如果你想學習網球，一名歲的「二流」選手，想要贏得溫布敦網球賽冠軍，便顯得不切實際。我們要追求卓越，但非追求完美。

設定「實際」目標的例外，是治療疾病。我相信任何絕症都有可能治好。自癒的療效，已獲醫學證明。而自癒是透過心理而非醫藥的輔助。由格林夫婦（Elmer and Alyce Green）進行的研究顯示，透過自癒恢復健康的案例，是因為心態改變所致。不過，使用這些方法的同時，千萬不要揚棄專業醫學治療，而是讓兩者相輔相成。

使用現在式

潛意識只在現在工作。當你說「我會漸漸好轉。」這表示你明天會好轉，但是潛意識沒有明天，只有現在。明天離潛意識永遠有一天之遙。

「我會漸漸好轉。」的言下之意，其實表示你現在不好。所以這句話對潛意識下達的指令，是讓你現在不舒服。

給潛意識「現在健康」這個目標。不管你目前狀況如何，對自己說，並在心裡想像，你現在就好的不得了。

表現正面

很多成功大師有時候會使用負面的建議。我持堅決反對態度。我認為絕對不可以使用負面建議。下面是我的理由。

想像負面景象往往不容易。例如，想像「麥可喬丹今天不打球。」想像某人不做某事頗為困難。

某些心理學家認為，潛意識不了解「否定」的意思。所以當你說「我不害怕」，你的潛意識聽到的是：「我害怕。」

某些學派則認為，潛意識會覺得，名詞前面的形容詞會有強調功能。如果這派說法正確，那麼，「我不害怕。」這句話中，潛意識的解讀方式，會讓「不」強調「害怕」。

當你說出某字，並用其他東西跟這個字聯想在一起，此字便不容易忘記。眼睛閉上，放鬆，並想像下列景象：你房間的房門打開，有一隻粉紅色的大象進來，這隻大象頭戴蠶ㄅㄨ的派對帽，並吹著喇叭，昂首闊步的時候，卻踩到你的腳。好痛喔！現在，把大象忘記。沒有辦法吧？如果這幅景象生動地出現在你的腦海中，你一定忘不了這隻荒唐且喜歡派對的粉紅象。

貪婪的國王重金獎賞能夠點沙成金的人。有位奸詐的巫師，使用騙術讓國王認為，他有點沙成金的本領。他先在國王面前展

示點沙成金的過程，然後巫師對國王說，在點沙成金時，腦海千萬不能想著「阿巴拉卡達巴拉」的咒語。當然，國王每次想要點沙成金，都會不禁想著咒語。因此，國王點沙成金失敗，就不能怪到巫師頭上。

所以，不要使用「我不怕」這種負面言語，因為你其實在強調「我害怕」，並將害怕植入腦海中。說「我既沈穩又有自信。」其實也很簡單。

總之，上述理由應足以說服你使用正面意見，而非負面言語。

明確直接的說法

你在想像目標時，要明確。

你在腦海想像「我要一輛新車。」不如說「我看到我的新車，這是一台藍色富豪的四門轎車。我伸腳踢輪胎時，感受到傳到腳趾的彈力。我看到自己坐在方向盤前面，車子的皮套是米色的，我聞到新皮套的味道。我打開CD、錄音帶、收音機，聽到披頭四的歌聲，從六個喇叭傳過來。

我看到自己在66號公路上行駛。車子開得這麼順，真是讓我嘆為觀止。我看到車窗外面有美麗的景緻，我剛剛經過了一個紅色的穀倉……」等等。

個人化自己的建議

用你自己的話寫下的建議，比別人寫下的話更好。你寫下的話對你有特殊含意，因此會更有力。你可以抄襲別人的意見，不過要改編成適合你使用的意見，並加入個人的感覺和態度。

壓力測試

想像自己在壓力下的行為和表現。「我在任何情況下都保持鎮定。在緊急狀況發生時，我的行為勇敢。我保持警覺，並可立即行動。我看到自己冷靜地打電話給消防隊。我記得滅火器在哪裡，我將採取行動、撲滅火勢。我引導眾人離開火場。我看到大家都在讚美我冷靜、勇敢的舉止。我很有自信……」等等。

使用所有的感官

讓你的聽覺、嗅覺、味覺和感覺因文字而受到影響。

「我要求加薪時，看到老闆臉上的理解。他的眼睛發亮，對我微笑，並指出我的工作表現很好。當他給我加薪和紅利時，我感到欣喜若狂。我聽到他對我道恭喜，並說我的表現值得這份薪水。當我和太太慶祝我的成功時，我嘗到香檳的味道，並感到泡泡流過我的鼻子。」

帶著情緒

情緒就是能量。所以要表現得很興奮。「我高興得喜極而泣⋯⋯我很高興⋯⋯我享受⋯⋯我興奮地⋯⋯我強烈感受到⋯⋯我真真真高興⋯⋯」等等。

和緩與權威

和緩的建議是「你或許可以放鬆」，或是「我現在讓我的手臂放鬆。」權威的用語則是「放鬆！」或「我命令手臂現在放鬆！」兩種口氣都有用，不過我建議使用和緩的語氣，效果會比較好。如果你的潛意識不合作，那就用權威的語氣。你的潛意識必須聽話，但同時你也要跟潛意識打好關係，和潛意識彼此相愛，並互相幫助。朋友或情人不需要彼此命令，但是他們因著對彼此的尊重，和共同的需要，而攜手合作。

我有一位朋友的潛意識曾經不願好好合作。他進入alpha狀態，並嚴詞責備潛意識不合作。他說，為了彼此的好處，雙方彼此合作，是必要之舉。它們住在同一個身體，所以保持身體健康，對彼此才有好處。在情緒上健康，需要一心一意。體內窩裡反，既不健康，也會造成壓力，並產生不良後果。他繼續責備潛

意識數分鐘，他說自己與潛意識真情相對，這是掏心挖肺的指責。朋友說他渾身不舒服了幾天，不過之後他的潛意識和顯意識便言歸於好啦。

第二步：加上啟動裝置

為建議加上「啟動裝置」。每次你制約自己的潛意識，都要加上啟動裝置。我用綠色當成健康的啟動裝置。我在建議結束前說：「每次我看到或想像『綠色』時，這個建議便重複寫入潛意識千百次。每次我在腦海中想像『綠色』時，這個建議的力道會加強，並確認執行。每次我看到或想到『綠色』時，這項建議便增強、加強，並得到越來越多能量。」

我選擇綠色，是因為我將綠色和生命、新生和健康，聯想在一起。我在衣櫥掛了一張綠色的圖片。一段時間過後，我的顯意識忽略綠色，潛意識每天還是會看到幾次。幸運的是，綠色隨處可見，所以，我的意見每天都會得到千百次能量補充。

第三步：植入你的意見

你可以用兩種方式在潛意識中嵌入意見。第一，進入 alpha

狀態，並將意見朗讀出聲。看著你的意見，說出來，並讓自己聽到。命令你的潛意識接受你的建議，進入更深的alpha狀態時，更加肯定這項建議。然後，進入alpha狀態的程度，可深入到失去了意識。在無意識的情況下，你挑剔的顯意識無法從中作梗。

另一個方式，則是錄下你的建議。如果你沒有制約自己在短時間內，進入深層的alpha狀態（包括沒有達到一開始的放鬆課程），那就播放錄音，使用「放鬆」二字進入深層的alpha狀態。這項課程（在第4課後面）使用「睡眠」這個關鍵字。不過，你不會睡著，而是在無意識的情況下，進入深層的alpha狀態。因為中文沒有一個詞，可以涵蓋「進入alpha或theta狀態，並失去意識」這些意思。所以我們只好湊合著使用「睡眠」一詞。

你的潛意識知道你要什麼，因為你有期盼和信心，所以你可以進入甚為深度的alpha狀態。如果能進入睡眠狀態最好，因為你的顯意識將無法干涉這些建議。

第四步：重複

基本原則是一開始每天重複一次，進行一週；然後每週一次，進行一個月；之後一個月一次，進行一年；最後一年一次。

第五步：分組

如果我們將意義相似的建議分組，並使用「快速播放」技巧，便可省下不少時間。建議分組後，用不同的水果、鮮花或是顏色為每組的啟動裝置。例如，你可以用：

- 蘋果是「健康」組的啟動裝置
- 梨子是「成功」組的啟動裝置
- 一串葡萄是「關係」組的啟動裝置
- 香蕉是「富足」組的啟動裝置
- 木瓜是「營養」組和有節度飲食習慣的啟動裝置

當你使用這些啟動裝置制約自己，他們可以在數秒內，啟動你的潛意識。進入alpha狀態，並想像你自己將每種水果依序放在籃子裡，更好的容器是漂亮的羊角（象徵豐饒）中。每次你進入alpha狀態，只要花費數秒時間，想像每種水果，便可以在短時間內重複五大組建議。

健康建議的制約

以下是給自己健康建議的課程，目的是要讓你的潛意識挺身

而出，並充滿優質健康的建議。將這項建議當成起步，並加以修改，讓你可以表達自己對於健康的情緒和感情。對下面的內容進行增刪改變，讓這份建議更適合你的情況。

你也可以針對更多身體部分或機能，進行加強或感謝。記得，要使用能夠連結影像的話語。絕佳的健康狀態，應該是自然並持續不斷的情況。

放鬆步驟要放在課程開始，帶你進入深度alpha狀態。你在幾秒內進入alpha狀態後，使用啟動裝置的字眼，你就可以移除那部分的建議。

現在，把課程錄下來，坐在舒服的椅子上，閉上雙眼，並播放你錄製的內容。或是，坐在一張舒服的椅子，進入alpha狀態，並朗讀出聲。告訴你自己，當你進入更深層的心智狀態時，建議嵌在各層潛意識與各階段年齡中。然後用「放鬆」啟動裝置，進入無意識的alpha狀態。

在潛意識植入給自己的健康建議

　　我將經歷深度放鬆，放鬆讓我感覺舒服，所以我急切盼望課程開始，並進入 alpha 和 theta 狀態。

　　我喜歡並期盼滿足的感覺。我感受到極樂狀態，並享受其中。放鬆對我大有幫助，讓我恢復精力，給我力量。放鬆釋放所有壓力，並讓我身體各處擁有良好循環。我的身體期盼放鬆的感覺，深度放鬆的感覺，如此深度和自然的放鬆。我的眼睛自然閉上，我可以感受到溫暖的浪潮，從頭部到腳趾的方向，漫遍我的全身。

　　我現在意識到自己的呼吸。我發現我的呼吸越來越慢，也越來越深。我想像自己可以看到我吸進的空氣分子，每一個空氣分子，都是能量……生命的能量……每一個空氣分子，都含有生命的力量。我看到能量就像小火花一樣，我看到一片小火花。這些微小的火花進入我的肺臟，帶給我能

量……讓我恢復精神……讓我充滿正面的能量和生命力。這些能量在我體內嘶嘶作響。我看到能量進入我的肺臟，並被帶到我身體的每個細胞。我的身體歡迎這股能量，並開心地使用這股能量。我感謝讓我充滿能量，並讓我恢復精神的生命之力。

我吐氣的時候，看到空氣分子運送廢物……負面的能量……我不再需要的能量。當我吐氣時，我看到一朵灰雲也逸出了我的身體……空氣分子將緊張和所有的焦慮運走。我覺得自己正在放鬆……對我的身體和生命感到越來越滿足。

我現在看著自己走向熱帶島嶼的海岸。海面風平浪靜，溫度怡人，微風吹向沙灘。有人用沙子雕了一張靠背的椅子。我溫柔地坐在那張椅子上，並感受到鬆軟、溫暖的沙粒，環繞著我的身體。坐在上面的感覺非常舒服，所以我單單坐在那裡，並放空……我放空對生命所有的想法……放空了幾分鐘……放空並單單地活在當下……放空並單單專注現

在……專注我身旁的美好事物。所有關於昨天和明天的憂慮和想法，都從我腦中消失。我在這裡，目前只專注現在這一瞬間。我讓眼睛盯著上頭的積雲，發現這群雲塊眞的好大，也常常改變形狀。雲朵改變的形狀，讓我產生不同的聯想，並因此樂在其中。

爲了更加享受當下的時刻，並進入更深層、健康和自然的心智狀態，我現在要更加放鬆。我現在的放鬆程度，是一分鐘前的兩倍。我看著雲，並感到身體越變越重。這就是完全放鬆的感覺。我欣賞面前的景象……白色的蓬鬆雲朵，輕柔的浪花……遙遠的海岸線，與令人放鬆的碧海，我發現自己的呼吸變慢，和浪花的起伏一致。

我現在注意到足部和雙腳，並讓它們放鬆兩倍。我現在將注意力轉向臀部，髖部和軀幹。我用委婉的方式，要求它們更放鬆。這樣做的同時，我的肌肉除去所有緊張，舒展，並變得鬆軟……非常鬆軟，並感到身體的重量增加。我現在

要我的手臂和手掌放鬆。我感到肩膀垮下，在手臂上增加重量。最後，我要我的頭部和肩膀完全放鬆。它們照辦。我的喉嚨和頸部肌肉也完全放鬆，釋出所有壓力。我的舌頭也放鬆，裡面的聲音沈寂下來。我感到非常非常舒服。

我現在急著等待建議。我的顯意識不需要聽到。這份跟健康有關的建議，每一部分，都將自然深入地沈入潛意識。只有我認證的眞理，才會建立神經傳導路徑。我強烈地如此認爲。我可以感受到這股情緒，驅使此建議的路徑，在我腦中建立。我的潛意識急切的接受這份建議，將其看成唯一的眞理。這項眞理壓制了其他關於健康的想法、念頭和其他感覺。我的潛意識接受這份意見，因這對身體健康等大有裨益。聽到倒數10到1，我就會滑入更深更深的theta自然健康狀態。10⋯⋯9⋯⋯8⋯⋯越來越往下⋯⋯越來越深⋯⋯6⋯⋯5⋯⋯4⋯⋯3⋯⋯。我現在處於深層theta狀態，現在越來越深入。2⋯⋯1。我現在處於最深層的階段。我以歡喜的心接受下列建議。

我的顯意識退去，潛意識浮出水面，並樂意接受這些建議，我看到自己閃閃發光、步履輕盈地走在一座漂亮的公園，這個公園種植了萬紫千紅的嬌艷花朵。我看到黃色的三色堇，也看到強韌的藍色水仙花，經過時讓我感到精神一振。我感到體內生命力的泉源，竄過我的全身。我感到帶來美好和健康的生命力泉源，流過我的身體和腦海。我感到天人合一。我感到也看到體內的生命力，是一束充滿活力和流動的能源之光。我的步履輕盈，並感到自己在飛翔。我享受生活，完全享受人生。我很開心，看到自己笑容滿面。我在行走的同時，知道自己活得很好、精力充沛、身強體健。感覺積極讓我覺得很美好，也知道這對我有益。活力讓我感到健康和年輕。我的生命感到無比的嶄新與開放。

　　我的潛意識在完全接納所有造就身體、心靈和健康的建議。我的潛意識只接受正面和有益處的建議。這些建議在我體內，每天24小時全年無休地運作，白天晚上都不休息，讓我在身體和情緒都更爲健康……更爲強壯……也更爲快樂。

我清醒或睡覺時，這些建議都在我體內運作。我現在提出下列建議。我的潛意識急切地接受這些讓潛意識和顯意識變得更健康、更幸福的建議。

　　我只接納正面的意見。我原諒自己過去對身體造成的傷害。我對自己身體的看法，就是我腦海對身體的期待：完整、純全、強健、健壯、有生氣、有活力、充滿能量，並維持健康的體重。我決心只吃健康食品，並只吃足夠的份量，以保持我的健康和精神。我看到自己吃健康的食物，食用的份量也很小。我不吃糖和白麵粉。我喜歡吃糖果，但只吃一點兒。我看到自己拒絕第二塊糖果。我可以輕易控制自己吃多少糖果。我不會因為糖果好吃，就吃不停。我吃夠了就會停止。我知道只要吃十分鐘就會飽，所以我在十分飽以前，便住口不吃。我的身體不喜歡高熱量食物。我現在自我感覺非常良好。因為我的飲食習慣，讓我保持最佳健康狀態。擁有自制讓我感覺良好。我看到自己擁有豐沛的能量，並感覺這股能量在我體內流動。

我對過去的想法，已經不再重要。我釋放所有錯誤的飲食和健康習慣，也是放這些錯誤習慣帶來的惡果。我現在覺得自己很健康，容光煥發。我感到生命的能量，打進我全身。每個細胞、每個腺體、每束肌肉、每個器官，都充滿了生命力。從現在起，我總是看到健康快樂的自己。我只願以正面的態度看待自己。

　　我來自兩個小細胞的創造，在我裡面擁有智慧。這股智慧知道如何形成骨骼、肉體、器官，和我思想的大腦。這股智慧依舊存在，並在我身體的每個細胞中運作。這股智慧強烈希望我可以健康，並過著有用和快樂的人生。它喜歡自己的工作，也樂於服務我。它時時刻刻都在運作。這股智慧提供我維持健康的一切要素。它為我預備了保持健康的免疫系統，抵擋外來入侵的細菌。它知道如何讓割傷止血，也知道如何讓傷口癒合，再生新的皮膚。這股智慧滲入我的身體，能製造任何讓身體保持健康有活力的物質，也知道如何控制身體所有的功能。這股智慧開始並監控人體內，數十億種同

時進行的活動。我請這股內部的智慧，幫我維持健康活力。我讓這股內部的智慧，為我的身心健康努力。我一再對這股智慧表示感謝，並表達我對它的愛。

我現在放鬆平靜。我的身體也處於靜止狀態。放鬆讓我的血液自由流遍全身。我看到也感受到，我的身體帶給所有細胞新鮮的養分。我想像身體帶給細胞需要的一切養分。在我的腦海中，我看到血液將小型新鮮蔬果和其他健康食品，帶給每個細胞。我也看到我的血液帶走廢物，讓我的細胞保持健康，讓身體保持乾淨。老舊細胞歡喜超脫生死，離開我的細胞，以讓新生的健康細胞，持續順利運作。我現在強壯健康有活力。我感覺良好。我看到自己開心地手舞足蹈。我感到愛在每個細胞中。其實，我想像代表愛的紅色小愛心，在我的血管中跳動，賜福每個細胞。我的血液就算是流經最細的血管，也暢行無阻。我感謝血液，讓我體內的所有細胞保持健康，也謝謝血液，每秒鐘製造數千個血球細胞，維持輸入養分和輸出廢物的流程。我的細胞很喜樂，也感到被

愛。我只以意念的形式，傳送正面的能量給它們。

我的免疫系統非常厲害。可以認出數百萬計不受歡迎的病菌，當它認出不受歡迎的致病細菌時，馬上將訊息傳給潛意識，我的潛意識就會派遣白血球大軍，殺手T細細胞和其他武器，殲滅所有不健康的細胞和微生物。然後我的免疫系統派遣巨噬細胞清理現場。這套系統非常神奇，可以自動運作，全天不打烊。我把這裡想像成戰場，敵人是體外細菌。我把情景想像成電玩遊戲的戰爭畫面。好人大獲全勝，壞人被全體殲滅。我看到電玩遊戲的微型小精靈，正在巡視我的血管、動脈，並吞噬所有不請自來的細胞、不健康的細胞，和致病的細菌。我謝謝我的免疫系統，它不但武功高強，還年復一年，全年無休地工作。

我的快樂增加，並讓我的免疫系統表現地越來越好。我知道醫學研究已經證實，正面和快樂可以增強免疫系統的功能。因此，我要保持愉快的心情，和正面的想法。每次我心情大好時，便想像笑臉符號。我將笑臉符號和快樂連結在一

起。所以每次我看到或想到笑臉符號時，我的免疫系統就會變得有精神、能力增強，得到能量。每次我看或想像笑臉符號，我的免疫系統就會更新並得到能量。大笑讓我保持健康強壯。

　　我現在想像我的心臟，這是一顆強壯耐久的心臟，每天持續強力地打出血液。我謝謝心臟，因它每天皆規律有力地跳動著。心臟就像一個規律的節拍器。我的心臟喜愛打出血液。我想像自己的心臟樂在工作。我其實可以看到心臟的微笑。心臟不費吹灰之力並開心地打血。它日以繼夜地打血，讓我的身體得到潔淨和能量。我感謝心臟把工作做得這麼好。

　　所有將血液送進心臟的動脈壁，都非常放鬆清潔。我體內的智慧，不允許細胞聚集在動脈壁上。這些動脈都非常暢通。它們就像塑膠管一樣，血液可以輕鬆流經動脈，載運生存必需的氧氣和養分到我的心臟，所以我也謝謝動脈。

　　現在我轉向肺臟。我其實看到並聽到大量空氣進出的情

形。進入的空氣，就像是一股白色、震動的能量。這股能量被血液運送，並帶到我的身體各處。我的肺臟持續並快樂地帶進這股重要的能量。我看得到，也感覺得到這股能量。這股能量讓我稍稍打顫，並帶給我活力。我感到身體因為這股能量而打顫。每次呼吸，都讓我覺得更安心，也更有活力。慢慢地，甚至深深地呼吸，讓我感到放鬆，也讓我很舒服。我感到幸福，我感到身體很平和。我謝謝我的肺臟，為我提供生命和能量。

我的支氣管非常暢通，並忽略空氣中所有的污染物。這些外來侵入者完全遭到忽略，並可以自由進出。這些是惰性氣體，而我的免疫系統忽略它們，因為這些氣體是環境的一部分，現在對人體無害。

我現在繼續前往消化系統，帶給其力量和和諧。我的胃部很強壯、有彈性，並且可以快速重建自己。我的胃可以輕鬆消化食物。我在飲食的時候，保持愉快的心情，因為這會讓我的胃部運作地更有效率。我透過快樂高昂的情緒，幫助

我的胃。用餐的時候，或用餐結束消化食物時，我將胃部想像成一個精密的實驗室，裡面有燒杯、蒸餾瓶、燒瓶，以及其他生物實驗室的先進器材。我的消化系統製造用來消化食物的化學藥品，並讓消化後的養分進入血液，傳到人體各處細胞。所有的細胞，都接受到需要的養分。我的消化系統，不費吹灰之力，就圓滿達成任務。所以，我對消化系統表示感恩之情。

我想像自己體內有一座特別的火爐，爐火燒得很旺。我現在想像這座火爐的細節。我看到火焰：紅色、橘色和黃色火焰跳動的閃光，反映在牆上和天花板上。我的肌肉靠著養分，進行新陳代謝。燃料就是我吃下去的食物；跳動的可愛火焰，就是能量。我吃下去的食物，轉變成有生氣的能量。沒有東西被儲存下來。我知道我的潛意識控制每個細胞，也掌控新陳代謝。我再次看著爐火時，發現了底部有一些沒有燒完的餘燼。晚上睡覺時，這些餘燼將我體內多餘的卡路里燒盡。多餘的卡路里燒盡，並以熱能的形式離開身體。我的潛意識為健康著想，只留下需要的卡路里。我謝謝消化系統

和潛意識，帶著喜樂的心，不費吹灰之力地控制消化過程。

　　我的排泄系統和消化系統合作無間。所有不需要的廢物，都被血液帶走，並帶到腸道。我的腸子吸收養分，並以輕鬆和不費吹灰之力的方式，排出不需要的廢物。我感謝排泄系統和消化系統合作無間，並為我的身體排出所有毒素。為了幫助排泄系統順利運作，我喝很多水。我想像自己拿著半加侖的容器，容器已經空了，因為裡面的水已經被我喝光。水對我有好處。我拒絕飲用汽水，或是沒有營養的碳酸飲料，而是只喝水。當我想到汽水罐或是飲料瓶時，我都會想像自己在瓶子上，畫了一個禁止標誌。從現在起，我只喜歡水。我的身體70%以上，是由水所構成，所以身體應該持續更換新鮮的水。我身體的水，就像是吸引新鮮水的磁鐵，因此，我常常想喝水。

　　我想像腎臟是最完美的濾網。它們開心地過濾液體的雜質。並讓這些過濾後的液體滋養全身。我想像髒水通過我的

腎臟後，變成了純淨清澈的水。我謝謝腎臟，對它們示愛的方式，是傳遞一朵潔白的能量雲。雲朵籠罩了腎臟，為其帶來精神，並注入了生命力。

我現在要謝謝所有的關節，因為它們對我的服務很週到。我謝謝潛意識的智慧，提供關節潤滑劑。我現在想像這點。我看到自己使用超級潤滑油，保養我的膝關節、髖部、和其他關節。我的關節現在非常靈巧滑順。我看到骨頭之間有靠墊，潤滑油滲進靠墊，讓我的骨頭輕鬆自在，並不費吹灰之力地移動。

我想像所有器官都帶著歡樂和愛心地一起合作，了解我們都是為了同一個身體、共同的益處和幸福在努力。我謝謝潛意識，因其時時刻刻都在掌控我體內數百萬種活動。這一切看起來就像是一個合作無間的交響樂團。我身體的音樂，是我聽過最美的音樂，悠揚的樂聲充滿靈性。所有演奏者負責的部分，皆拍點正確，樂曲和諧。

我接受這項建議，並將關於健康的意見，印到腦海各

處。我的潛意識無論幾歲，都接受此意見。我想像自己現在一歲，我看到自己躺在媽媽的臂彎中，了解到自己多麼無助並需要倚靠他人。不論我接受過什麼想法，我現在知道，自己是個健康的寶寶。就算我不知道意見這個字，我可以抓到這個字眼的意思。

我現在五歲，我看到自己坐在房間玩玩具。我看到長大後的我，要我相信關於健康的意見，並讓這些想法主宰健康。我對五歲的我解釋這些意見的重要性，以及對他有好處。五歲的我對我微笑，並完全接受。

我現在看到自己十歲。我在後院自己玩耍。我看到長大後的我，走向十歲的我，並對他說，我可不可以把一件重要的事情要告訴他，他微笑並說「可以」。我要求他接受健康建議，並要他把建議印滿全身，覆蓋他因誤解而產生的不良想法的影響力。我要他接受建議，並盡情玩耍。他樂意地同意，並全心全意地接受。

我現在知道健康的意見比所有相關負面想法、產生不良

後果的想法、不健康的想法都更強大。正面的意見完全主宰潛意識對健康的想法，無論潛意識幾歲都是如此。

每次我想到綠色時，都是提醒我再度回顧健康的意見。每次我想像綠色時，建議就會重複千百次，增強健康的能力，並輸入能量。我的潛意識在各處看到綠色。每次看到綠色，健康意見的強度就會增強。健康的意見現在已經成為我的一部分，並主宰我的潛意識，以及對健康的看法。我的潛意識釋放所有和這套新建議抵觸的意見。我謝謝並祝福那些舊的意見，不過這些就意見已遭廢棄不用。這些意見現在對我沒有用了。我接受整套健康建議，這會對我的身心靈，帶來最大的健康。我全心全意地樂意接受。我謝謝潛意識接受這套意見，也願意執行這套意見。絕佳的健康，充滿生命力的生活，是我現在的生活方式。

現在，懷著感謝的心，溫暖的心，數到「3」，我要回到清醒狀態。「1」……我感到更新喜樂……「2」感到快樂健康……「3」我現在完全清醒。

終曲

「你的超級市場」

請想像下列景象：

身為你的教師，我邀請你跟我一起去超級市場。這個超級市場的外觀非常巨大。我請你跟我一起來，是因為這家店有各式各樣的自我成長材料。這裡有特別的食物，讓你變得健康強壯。也有教導你在各階段邁向成功的書籍。用正面健康的習慣，取代舊有的壞習慣；帶給你自信，並讓你在世界安然生活、在財務上不虞匱乏等。這裡有很多輔助你的材料。這家電充滿芳香的味道，提醒你保持健康快樂。我讓你知道，你什麼都可以帶走。你拿到一個手推車，可以帶走一切你想要的東西。把你的手推車裝滿。如果這個手推車滿了，助理會給你另一個推車。

你的手推車裝滿後，前往結帳櫃台買單。不過，你想起來，所有東西都付清了。

你要離開前，突然改變想法，覺得這樣做划不來。所以你想要把所有東西放下，直接回家，因為你覺得付出努力太麻煩了。所以你把一切東西留下，準備空手打道回府。

你現在在家裡，坐在舒服的椅子上做白日夢。你覺得把東西留下就回家的決定太魯莽了，這些資源可以幫你達成夢想。或許這些東西真的有用。

所以你從椅子上跳起，並奔回超級市場。你的手推車還在那裡，不過手推車上的大堆產品已經被一個熱心助人的助理取代，就是這本書。現在你了解，讓你的精靈工作，幫你變得健康幸福，是多麼容易的一件事。你抓起書，抱在懷裡，便好像擁有了全世界。

這本入門書，是打開你無價之寶，就是你的潛意識，就是你的精靈的鑰匙。

請運用本書介紹的知識，並珍惜你的精靈。

後續課程

潛意識裡的禱告

讓宇宙心智聽見你的聲音

「有一天⋯⋯全世界的科學家都會把實驗室用來研究上帝、禱告和其他屬靈力量。目前大家對此皆摸不著頭腦，但當這一天到來時，人類一代的進步，將會是現在的四倍。」

我相信大部分的人對於禱告的力量，抱持懷疑的態度，因為禱告看起來常常沒有用。不過，禱告的力量其實超乎懷疑人士的了解，而是會帶來成功。多西（Larry Dossey）醫生搜尋了科學文獻，找到了124篇關於禱告的研究論文。這類的禱告，是治病或促進健康的肯定禱告。半數研究結果顯示，以科學的標準檢驗，這種禱告有效。如果藥品的療效可達到50％，既沒有副作用，又不花錢，這不啻為天大的好消息嗎？

最近報章雜誌刊登的某項研究，也見於多西醫生的著作中。基督徒心臟科醫師拜爾得（Randolph Byrd）進行了一項實驗。他找來393名心臟病患，讓不同宗教團體為其中一半禱告。代禱者除了病患的名字外，其他一無所知。醫生和病患都不知道，有人為他們代禱。也沒有關於禱告方式的紀錄。被禱告的病人的情形如下：

• 不需要抗生素的情況，是沒被禱告的病患的5倍。

- 沒有肺水腫的可能性，是沒被禱告的病患的3倍。
- 需要氣切的病患數目是零，另一組沒被禱告的病患，則有12人需要氣切。
- 過世的病患較少。

　　科學研究並未提到禱告方式，所以我要在此建議幾項禱告方式，讓你的禱告更有效。而這些建議，是根據前幾課所提到的原則。

　　我帶著謙卑的心，教導這一課。當然，有很多有效的禱告方式。禱告成功與否，與禱告者和神的關係、熱情、信心和目的都有關係。所以，我的意思是，不是只有我提出的禱告方式才有效。但我認為，採取下列建議，你禱告的效果，將大大增加。

　　在前面的課程，你學到如何用顯意識在潛意識中植入建議。之後你的潛意識就會設法達成目的，例如得到更好的工作、改變習慣或改善健康等。同樣的邏輯和方法也適用於禱告。差別在於，你使用更高水準的心智。更高水準的心智，更優越也更必要，因為問題（身體、心理或財務）無法透過既有的心智水準解決。

　　我們無法描述上帝，因為任何的描述，對神都是限制。所以

我不要說更高水準的心智是神，而是認為更高水準的心智，是神的某些層面。在此我會將更高水準的心智，稱為宇宙心智。

宇宙心智

宇宙心智和顯意識與潛意識連結。我們可以用兩個圓圈來解釋這樣的關係。大圈圈的面積是小圈圈的倍。大圈圈代表潛意識，小圈圈代表顯意識，小圈圈在大圈圈裡面。潛意識和顯意識在你體內，對於他們看不到（想像不到）、沒有學到、沒有體驗到的東西。不過，宇宙心智除了在你體內，也在你體外。超乎時間、空間、包含所有知識，對全人類一視同仁。將宇宙心智比喻成無線網路，宇宙心智就像宇宙的無線網路一樣。

你可以將宇宙心智和神分開，或是將其視為神的一部分。不過下面要介紹的法則，則適用兩者，就算你不相信宇宙心智，法則還是有效。這就像是你不相信或是不了解重力，還是可以用到重力。

下面是證明宇宙心智存在的間接證據：

- 「透視」或是「心電感應」已經受到研究，並寫成報告。在某項實驗中，傳送者專注在某幅圖畫上，接收者靜靜坐

著，企圖收到傳送者的影像。傳和接收者可以身在不同的世界，他們卻處於同一個心靈牢籠，阻絕其他地方的電磁波。接收者甚至可以收到想法，畫下傳送者傳送的圖像。某些人天生擅於心電感應，不過每個人都可以透過訓練做到。我認為，關鍵在於企圖，以及是否處於alpha狀態。

時間和空間並不會帶來心電感應作用。因此我們推論，我們在更高智慧（就是宇宙心智）形成的場上，進行心電感應。

• 卡伊斯（Edgar Cayce）發現很多人在恍神狀態（一定是在alpha或theta狀態）下進行心電感應。如果你從來沒有聽過這號人物，圖書館一定有他的書，或是你也可以上網搜尋他的資料。網路上有很多他的資料。位於維吉尼亞州的卡伊斯圖書館，收藏了他經手過的案例，共約2萬件。大部分的案例已經由醫生背書。沒有背書的案例也是情有可原：有些是病患過世，找不到醫生，或是診療儀器和醫學知識不足導致誤診。

• 現代作家和醫學直覺顧問米斯（Caroline Myss）認為自己

有98％的診斷率，目前已經被醫生證實。不過，很多普通人也可以正確診斷病人的疾病。我看過很多修習過席瓦國際公司的基本課程的學員也做得到。這只能把自己調整成擁有更高智慧的人，才有辦法做到。關鍵就是將自己調整到和宇宙心智一樣的頻道，並進入深度alpha狀態，進行診斷。

- 「探測棒」的方式已經使用了千百年。試驗者使用探測棒，這通常是一根分叉的柳樹條，或是被折過的衣架。試驗者常常使用探測棒尋找水源。河流或是天然氣管線。不過探測棒其實不只適用在這些範圍。探測棒尋物不能透過潛意識做到，因為潛意識不知道水源、河流、天然氣管線在哪裡。這種知識是來自不屬於探測者的外部智慧。

- 使用單擺和肌肉測試反應，是為了要從我們的潛意識中獲取資訊（請見第5課。）但透過這些方式，也可從宇宙心智獲取資訊。很多相關的案例收錄在撰寫的《能力對抗力量》，以及延伸閱讀書籍《單擺工具》（*Pendulum Kit*），作者為羅諾關（Lonegren）。

- 很多走失的動物可以自己回家。媒體曾報導過不少這樣的故事。其中一個案例是，有一隻狗要跟他的主人，從俄亥俄州搬到奧瑞岡州，但卻在經過印地安納州時走失。主人全家滯留在印地安納州數天找狗，卻徒勞無功，只好放棄，前往奧瑞岡州新家。兩個月後，他們的狗自己出現了，不過狗從未來過奧瑞岡州。

  記者追蹤這隻狗的路線。他在報紙上登廣告，尋找看過狗經過的人。之後他發現狗的路線，幾乎是最短距離。這隻狗無法透過氣味，找到千哩之外的家人。所以，牠尋找主人的路線，一定是來自超乎這隻狗的外在智慧，即更高的智慧。

  知名英國科學家謝爾瑞（Robert Sheldrake），曾經針對動物做了不少實驗。其中一項成果指出，深愛主人的寵物，可以回應主人的想法，就算主人不在家也一樣。除非靠外部智慧，否則這些動物無法這麼了解主人。謝爾瑞的著作還提到很多相關案例。

- 量子物理有項重要的發現，是糾纏性（Entanglement）的現象。愛因斯坦表示，這是「遠方的幽靈效應。」簡單說，

就是當兩個以上的分子，彼此作用（糾纏在一起），然後分開。之後這兩個分子還是會受到一股力的彼此作用。不管距離多遠，這兩個分子還是會彼此作用，反應時間是光速的1百萬倍。這表示，這兩個分子作用的情形，和他們成為一體時一樣。

糾纏性是貝爾（J. S. Bell）的理論，已受到科學實驗證實。

• 代禱是為遠方人士禱告。距離對禱告結果沒有影響。其實，大部分的禱告都是這樣。代禱者和被禱告的人，就算同處一室，身體也不會彼此接觸。所以，傳達禱告詞的媒介是什麼呢？一定有更高的智慧，在兩者中間。

現在你了解宇宙心智的概念了。我要告訴你，為什麼之前的課程也適用宇宙心智。

如果法則適用於某意識層面，應該也適用於所有層面。法則應該是適用全體的。前面提到的法則如果正確，一定也適用於更高層面的心智。法則不可能只適用顯意識和潛意識，卻不適用於宇宙心智。所以如果前八課提到的內容是正確的，那一定也適用於禱告。

前面的課程涵蓋了四項重要觀念，這會讓你的禱告更有效。這是：一，在alpha或theta狀態下禱告。二，要肯定。三，心思專一。四，讓你的潛意識有百分之百的信心。

關鍵一：在ALPHA狀態下禱告

在alpha（並／或theta）狀態下禱告，會讓你的禱告有效千百倍。在beta狀態下禱告時，你的腦波四散也不集中，導致能量四散。但是在alpha狀態下禱告時，你的腦波集中，因此會更有力。你可以把其間差別想成白熱燈泡和雷射光的差別。白熱燈泡的光源四散，所以浪費最多能量和熱。但雷射光的所有能量都集中在同一點，所以非常有力，甚至可以穿透鋼鐵。雷射光的波長都是穩定發射，所以能量會呈指數倍數增加。這就是為什麼雷射光這麼有力的緣故。

在alpha狀態下禱告，還有另一個好處。我認為潛意識擁有更大的禱告能量，所以，你必須處在alpha狀態下，才有指使潛意識的能力。

顯意識表現意志和企圖，在禱告時以言語表達。但是潛意識以表現情感（就是能量）。某種程度來說，潛意識和宇宙心智的連

結更為重要。所以，透過潛意識和宇宙心智連結，並透過潛意識禱告，禱告的力量會增強。

下面列出的間接證據，證明在alpha狀態下禱告的好處。

- 之前曾經提到，狗也可以使用宇宙心智。但狗沒有顯意識，至少沒有像人類一樣的顯意識。這表示使用宇宙心智時，顯意識並未扮演重要角色。

- 教育程度和禱告能力無關。擁有博士學位的人，不會因為學歷高，禱告力量就比較強大，就算是宗教相關的學位，也不會讓禱告變強。擁有宗教相關學位，或是在宗教團體位居要津的人士，禱告能力較強，是因為他們擁有比較多宗教相關經驗，對宗教也比較熱忱的緣故。東方教導治病、祈禱和冥想時，也主張受過教育的我（顯意識）要離開。禱告成功是心（潛意識）誠則靈，不是腦（顯意識）誠則靈。

- 我認為虔誠的宗教人士，比較精於禱告，是因為他們禱告時，會自然進入alpha狀態。這是因為他們常常暴露在

alpha狀態之下，也被訓練自動進入alpha狀態。這些進入alpha狀態的程序，包括靜坐、放鬆、放慢呼吸、利他、情緒、儀式、冥想，並一再重複簡單的禱詞（玫瑰珠、吟誦、擊鼓）。另外，他們的企圖往往比一般平信徒更無私。

- 情緒非常重要，這可能是禱告時最有力的因素，而情緒主要來自潛意識。有邏輯的顯意識傾向約束情緒。但是多西發現，愛和同情心會讓禱告的力量增強。

- 科學家發現，非常虔誠的宗教人士在禱告或冥想時，他們會展現強度theta腦波。這項研究證明，深度theta狀態甚至優於alpha狀態。

- 科學家在另一個地方研究透過禱告或冥想，研究擁有深度宗教經驗的受試者。科學家針對這些佛教徒受試者，在擁有深度宗教經驗時，提出了下列的觀察：在潛意識後端有一個區域，一直在計算空間定位（spatial orientation），務求了解生命的終結和世界的開始。在深度禱告或冥想時，這個區域成為了「靜止的綠洲」。在《精神研究》

（*Psychiatry Research*）的某篇文章則指出，「……他們達到忘我境界，並擁有天人合一，與宇宙無垠無涯的感受。」這個區域在潛意識。

上述每個例子都指出，成功禱告的關鍵在潛意識，而非顯意識。

關鍵二：使用「肯定」禱告

很多禱告都是肯定某人真的想要某樣東西。例如，禱告可能是希望自己或他人可以從某疾病中康復；得到更好的工作；或是生命中享有更多愛的關係。因此，你的肯定禱告，應該跟第八課列出的意見原則一樣。所以花點時間回到第8課復習意見的部分。

要注意的是，潛意識和宇宙心智，不用顯意識採用的時間框架運作。所以，你的肯定禱告應該將時間設定在現在。你說話、觀看、感覺的時候，都必須演得像是你已經得到禱告的結果。如果你禱告身體健康，卻想像自己仍在生病。潛意識會將想像生病的畫面，傳給宇宙心智，而宇宙心智就會接受你的禱告，讓你繼續生病。

第二個最重要的要點，是使用情緒。某些科學家研究指出，

禱告最有力的因素，是愛和同情。有意思的是，當你為別人禱告某事時，你的禱告遠比當事人的禱告更有力。

前面提到的是最需要注意的地方。下面的則可酌為參考。

開始植入建議之前，先跟上帝打好關係。這就像你跟潛意識打交道前，也是要對它表現友善和禮貌。先從打招呼開始。這會增強你跟上帝之間的連結。你可以先從對上帝表示敬意開始。

然後，透過承認宇宙心智擁有全知的力量，會回應你的禱告，也會幫助你把自己調到宇宙心智的頻道。

然後，提出肯定禱告。

之後，像個有良心且體貼的人，對宇宙心智說「謝謝」。想像你要的結果已經實現，並因此充滿感激。要心懷謝意不只是因為你得到想要的結果，也是因為你得到的所有祝福。

然後放手。宇宙心智比你還知道怎樣達成任務，顯意識插手反而會帶來不良後果。

關鍵三：一心一意

針對同一主題，你的潛意識手上可能會有很多想法，但是他只會採用一項。這個想法會主導你潛意識的做法。我們在第4課提

過這個主題。你在為某事禱告時，潛意識和顯意識的意見應該一致。

例如，假設醫生告訴法蘭克，他的心臟不好。法蘭克馬上用現在式開始禱告：他有一顆健康強壯的心臟。法蘭克的顯意識可能接受自己有一顆健康強壯的心臟，但是，假設他的潛意識的主導想法，認為法蘭克有心臟不好（主導想法可能是法蘭克心臟不好的原因）。

「心臟不好」的想法，可能是肇因於法蘭克三歲的時候，目睹某位親人因心臟病過世。當時，大家在現場哭成一片。法蘭克可能忘記發生過什麼事。不過這個意外為他的潛意識造成了極大創傷，讓心臟不好的想法出頭。

我們再假設法蘭克的情緒很容易受到母親影響。當時母親哭得不可收拾，並說（或是三歲的法蘭克認為她這樣說）：「我們家族的人就是心臟不好。所以我們的孩子以後心臟也會不好。」

從那時起，法蘭克的潛意識接受了自己心臟不好的想法。即使法蘭克的顯意識沒有理由相信自己心臟不好，他的潛意識認為自己心臟不好的想法還是出頭。（當顯意識和潛意識意見不合，總是潛意識獲勝。）

現在，儘管法蘭克禱告，由於潛意識已經有先入為主的觀念，因此認為這項禱告不會被允許。內部的衝突讓法蘭克的禱告無效。

法蘭克必須在潛意識中，寫入心臟強壯的想法，告訴潛意識他有一顆強健活潑的心臟。當他的顯意識和潛意識口徑一致，雙雙認為他擁有強壯的心臟時，這個肯定的禱告才會送到宇宙心智那裡，得到肯定的答覆。

你在為某事禱告時，制約你的潛意識（第8課教過）相信某項真理，並接受和顯意識認定的真理。然後，你的顯意識和潛意識就會攜手合作，「一心一意」地讓你的禱告成真。

關鍵四：讓你的潛意識充滿信心

大家都同意擁有信心，禱告才會成功。信心的重要在《新約聖經》、（我猜）《可蘭經》、《摩西五經》等，都隨處可見。這是病癒和禱告成功的基礎。你可能覺得自己有信心，也對你信仰的教義有信心，但是那是顯意識的認定，潛意識也這樣認為嗎？

如果信心只在你的顯意識中茁壯，那麼，你的信心就不完整。如果你接受的信仰，只是一些規條，以及前面提到，你出生以後接受的規則（你也相信並接受這些規則），那麼你的潛意識可

能有不同套的想法。潛意識和顯意識的想法一致，才會讓你的禱告發揮最大效用。你需要培養專一的信心。

為了克服信心的虧缺和矛盾，你需要在潛意識寫入顯意識的信仰，如果顯意識和潛意識想法不同，信仰上的衝突會造成禱告失敗。

信心很重要，還有一個理由。我在第4課曾經指出，如果你心裡有懷疑（就是有失敗的恐懼），那你可能就會失敗。恐懼在你的潛意識中，並會壓制你想成功的意志，導致你失敗。禱告的力量沒有限制。但是，如果你在為某事禱告時，認為（顯意識）也覺得（潛意識）這件事不會成功，那你心中可能就存有恐懼的失敗，懷著自己可能不會成功的擔憂。

例如，假設瑪莉得到致命的癌症，還是有治癒的希望。自然康復療法，已經得到研究證明。格林夫婦（Elmer and Alyce Green）在多年前曾公布了4百個透過自然康復法而病癒的患者，現在透過自然康復法病癒的患者數目，仍在持續增加。所以，透過自然康復療法，瑪莉一覺醒來，癌症有可能消失無蹤。

但是如果瑪莉禱告希望明天完全康復，除非她是超人，否則她可能強烈懷疑，並擔心願望不會成真。心中的恐懼會阻礙她的禱告。

但是，如果瑪莉禱告的內容是病情好轉，便可放膽相信此事會成真。她可以放膽禱告免疫系統可以加速工作，並要求免疫系統現在殺死癌細胞。她也可放膽禱告，自己明天的健康狀況將優於今天。因為她將現在增生數百萬個健康細胞，吞噬癌細胞。她可以為很多他有信心會發生的事情禱告。我的建議是禱告你有信心會發生的事情。奇蹟不一定在一夜之間發生，過一陣子才發生也無妨。

　　禱告非常有效。如果禱告無效，可能是因為潛意識阻礙禱告。針對信仰的每個層面，寫下關於信仰的正面意見，以及你要的信仰。並將此意見輸入潛意識中，成為潛意識相信的唯一真理。

做一次好禱告

- 在alpha狀態下禱告，能在theta狀態禱告更好。
- 使用肯定禱告方式，想像結果，而非問題。
- 感覺並表達愛和同情。
- 確定自己一心一意，讓潛意識和顯意識意見一致。
- 對潛意識植入堅定的信仰，和顯意識立場相同。
- 對於你擁有的一切福份心懷感激，並獻上感謝。

操控潛意識，訓練更強大的自己！
助你心想事成的8堂潛能課

The Genie Within
Your Subconscious Mind: How It Works and How To Use It

哈利·卡本特 Harry W. Carpenter　著

申文怡　譯

（本書為改版書，前版書名為：精進潛意識──砍掉你的隱形負思維，奪回命運自主權）

Copyright © 2007 by Harry W. Carpenter
This edition is arranged with Harry W. Carpenter through Big Apple Tuttle-Mori Agency, Inc., Labuan, Malaysia
Traditional Chinese edition copyright © 2023 by Briefing Press, a division of And Publishing Ltd
本著作物中文繁體版經著作權人授與大雁文化事業股份有限公司／大寫出版事業部獨家出版發行，非經書面同意，不得以任何形式，任意重製轉載。

書　　系　〈使用的書In Action〉書號 HA0003T
著　　者　哈利·卡本特
譯　　者　申文怡
封面內頁設計　郭嘉敏
行銷企畫　廖倚萱
業務發行　王綬晨、邱紹溢、劉文雅
總 編 輯　鄭俊平
發 行 人　蘇拾平
出　　版　大寫出版
發　　行　大雁出版基地 www.andbooks.com.tw
　　　　　新北市新店區北新路三段207-3號5樓
　　　　　電話（02）8913-1005　傳真（02）8913-1056
　　　　　劃撥帳號：19983379 戶名：大雁文化事業股份有限公司

二版三刷　2024年6月
定　　價　360元

版權所有·翻印必究
ISBN978-957-9689-87-8
Printed in Taiwan · All Rights Reserved
本書如遇缺頁、購買時即破損等瑕疵，請寄回本社更換

國家圖書館出版品預行編目 (CIP) 資料

操控潛意識，訓練更強大的自己！
助你心想事成的8堂潛能課／
哈利·卡本特（Harry W. Carpenter）著；申文怡譯
初版｜臺北市：大寫出版社出版：大雁文化事業股份有限公司發行，2023.01
304面；15*21公分（使用的書In action；HA0003T）
譯自：The genie within : your subconscious mind: how it works and how to use it.
ISBN 978-957-9689-87-8（平裝）
1.CST: 潛意識　2.CST: 潛能開發
176.9　　　　　　　　　　　　　　　111018336